产教融合背景下高职院校创新创业人才培养模式研究

闫宁　刘川　著

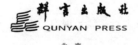

群言出版社

QUNYAN PRESS

·北 京·

图书在版编目（CIP）数据

产教融合背景下高职院校创新创业人才培养模式研究 /
闫宁，刘川著 . -- 北京 ：群言出版社，2023.12
　　ISBN 978-7-5193-0917-6

　　Ⅰ . ①产… Ⅱ . ①闫… ②刘… Ⅲ . ①高等职业教育
－人才培养－培养模式－研究－中国 Ⅳ . ① G718.5

中国国家版本馆 CIP 数据核字（2023）第 254121 号

责任编辑：孙平平
封面设计：知更壹点

出版发行：群言出版社
地　　址：北京市东城区东厂胡同北巷1号（100006）
网　　址：www.qypublish.com（官网书城）
电子信箱：qunyancbs@126.com
联系电话：010-65267783　65263836
法律顾问：北京法政安邦律师事务所
经　　销：全国新华书店

印　　刷：三河市腾飞印务有限公司
版　　次：2025年1月第1版
印　　次：2025年1月第1次印刷
开　　本：710mm×1000mm　1/16
印　　张：11.5
字　　数：260千字
书　　号：ISBN 978-7-5193-0917-6
定　　价：68.00元

作
者
简
介

　　闫宁，经济学硕士，副教授，河北青年管理干部学院工商企业管理专业负责人，主要讲授经济学基础、国际贸易实务等经管类课程。研究方向：大学生创业、经济管理。

　　刘川，会计硕士，讲师，河北青年管理干部学院大数据与会计专业负责人，主讲财务会计、税法、成本会计等课程。

前　言

随着国家经济结构的战略性调整、产业结构的优化升级以及社会文化建设的持续推进，以互联网、云计算、大数据、人工智能等为代表的科技创新和产业变革正在迅猛发展，催生出大量新兴产业。面对这一趋势，企业对技术应用型人才的需求日益增加，使得人才供给与市场需求关系发生深刻变化。在此背景下，高职院校的产教融合成为提升毕业生就业质量、创业能力以及满足社会对人才多元化、专业化和个性化需求的有效途径。

根据党的二十大报告精神，我们必须坚持科技、人才、创新三位一体的战略导向，深入实施科教兴国战略、人才强国战略和创新驱动发展战略。创新作为时代发展的核心动力，是国家经济发展的关键因素。在当今世界科技日新月异的背景下，国际竞争日趋激烈，而这种竞争归根结底是创新和人才的竞争。因此，各国都在大力培养创新人才。

教育改革在各国都受到高度重视，其核心目标在于提高教育质量和人才培养质量。高职院校作为培养创新人才的重要基地，必须以创新人才培养机制为重点，加快培养具有创新精神和创业能力的人才。这不仅是高职院校自身发展的需要，更是国家人才战略的重要支撑，对于提升我国在国际竞争中的地位具有重要意义。

目前，我国高职院校的产教融合取得了一定的成效，但整体上还处于初级阶段，主要表现在以下几个方面：第一，校企合作模式初步形成。许多高职院校已经与相关企业建立了合作关系，通过订单式培养、共建实习基地、共同开发课程等方式，初步形成了校企合作模式。第二，实践教学体系不断完善。高职院校通过引进企业真实项目、与企业合作开展实践教学等方式，不断完善实践教学体系，提高了实践教学质量。第三，师资队伍结构有所优化。在产教融合过程中，高职院校通过引进企业优秀人才、选派教师到企业实践等方式，优化了师资队伍结构，提高了教师的实践能力和教学水平。

尽管高职院校的产教融合取得了一定的成效，但也存在一些问题，主要表现在以下几个方面：第一，校企合作深度不够。目前高职院校与企业的合作主要停留在表面层次，缺乏深度的合作，导致实践教学与实际工作场景存在一定差距。第二，实践教学资源不足。部分企业参与职业教育的积极性有待提高，导致实践

1

教学资源不足，影响了实践教学的效果。第三，师资队伍建设有待加强。虽然高职院校在师资队伍建设方面取得了一定的成果，但与企业优秀人才队伍建设仍存在一定差距，需要进一步加强师资队伍建设。

针对以上问题，本书对产教融合背景下高职院校创新创业人才培养模式进行深入研究，以期为高职院校创新创业人才培养提供有益的参考。

本书共七章。第一章为产教融合的理论基础，主要内容包括相关概念界定、产教融合的相关理论、产教融合的构建原则与作用、社会主义市场经济对产教融合的影响。第二章为我国高职院校产教融合的发展，主要内容包括我国高职院校产教融合发展现状、我国高职院校产教融合存在的问题、产教融合发展的必要性。第三章为转型背景下高职院校产教融合专业群建设，主要内容包括从学校定位与发展战略出发，确定专业群结构布局；服从服务区域经济转型，发展制订专业群建设规划；创立现代职教人才培养联盟，拓展专业群发展空间；形成"六位一体"动态评价体系，监督专业群建设质量。第四章为大学生创新创业概述，主要内容包括创新与创新意识，创业与创业精神，创新与创业的关系，用社会主义核心价值观引领大学生创新创业，大学生创新创业的意义、优劣势及创业应具备的条件，创新创业与大学生职业生涯发展，当今创业的时代背景。第五章为高职院校创新创业教育实践教学体系的构建，主要内容包括高职院校创新创业教育实践教学体系相关概述、高职院校创新创业教育实践教学体系建设策略、"互联网+"背景下大学生创业支持体系构建。第六章为"互联网+"时代的创新创业，主要内容包括互联网创业模式、新时代的互联网思维、跨境电子商务和创新创业、电商平台创新创业实践。第七章为高职院校创新创业人才培养模式实践，主要内容包括创新创业人才培养模式实践体系构建的必要性、创新创业人才培养模式实践体系构建的原则、创新创业人才培养模式实践路径、创新创业人才培养模式实践基地和平台构建。

为了确保研究内容的丰富性和多样性，笔者在写作过程中参考了大量理论与研究文献，在此向涉及的专家学者表示衷心的感谢。

限于笔者水平，本书难免存在一些不足之处，在此恳请同行专家和读者朋友批评指正！

目　录

第一章 产教融合的理论基础

第一节 相关概念界定

一、产教融合

（一）产教融合的含义

产教融合目前尚无统一的定义，笔者通过调查发现，我国最先提出产教融合这一说法的是江苏省无锡市技工学校，该学校是高职教育的典型代表。江苏省无锡市技工学校在办学过程中结合高职人才培养的特殊性和时效性对已有的教学方案和人才培养模式进行了改革，提出产教融合即千方百计寻求与生产实习紧密结合的"产品"，以提高学生的质量意识、产品意识、时间观念及动手能力。上面所提到的"产品"就是学生实习，虽然从范围和层次上来说这一定义所涉及的范围比较狭窄，但这是中国职业教育第一次提出产教融合这一全新的构想。产教融合非常符合时代发展要求和人才培养要求，已经逐渐成为各个层次人才培养中的重要环节。

在江苏省无锡市技工学校提出产教融合这一说法之后，《中国职业技术教育》《中国劳动保障报》等报刊先后引用了这一说法，但未能明确其定义。在这之后，产教融合逐渐引起了教育界的关注。2011年教育部等九部门发布的《关于加快发展面向农村的职业教育的意见》提出要促进产教深度合作，产教融合逐渐引起国家教育部门的重视。在随后的教育改革和发展中，产教融合逐渐成为人们关注的重点。产教融合的相关构想是一个从无到有、从模糊到具体的过程，这符合事物发展的一般规律，更加符合教育发展的规律。我国的一些学者对产教融合进行了专门的整理和研究，但是由于缺乏一手材料，取得的成果较为有限，仅仅按照时间的顺序对产教融合的发展进行了简单的梳理。笔者为了深度研究产教融合在我国的发展进行了大量的调研，调查了成果丰富的高职院校，也对相关理论进行了专门的研究，从而在前人的基础上取得了一些成果。在我国教育体系中，产教融合的两个主体是学校与企业，产学研一体化的深度合作可以提高人才培养的水平，从而实现双赢。在传统的人才培养中，学校也非常重视校企之间的合作与协同培养，但是校企合作的层次有限，无法实现深度的人才培养。产教融合与校企合作的最大区别在于双方合作的程度，产教融合的形式多种多样，最重要的就是双方要形成稳定、高效、深层次的合作关系，通过提升人才培养的水平促进企业的发展和学校办学实力的提升。笔者在调研中发现，有的产教融合形式助推校企双方建立新的实体创新人才培养模式，也有的产教融合形式侧重于研发和学术升级。从调研的结果来看，不论哪种形式的产教融合最终都会提升学生的个人素养和就业能力，企业也因此获得了更多宝贵的人才，缩短了人才与企业之间的磨合期，最终产生的连锁效应会不断助推区域经济向前发展，从而实现共赢。产教融合让越来越多的用人单位和高职院校看到了机会和希望，其也非常愿意参与其中，因此产教融合的发展逐渐进入了"快车道"。

虽然职业院校在产教融合方面取得了比较好的成绩，但是不同地区、不同类型的职业院校存在着比较大的差异。笔者在调研中发现，经济发达地区的产教融合发展得非常深入和全面，对助推地方经济的发展也起到重要的作用。相关学者也探索出丰富的产教融合经验，但这些经验具有比较强的地方性和产业性，要想大面积地复制和推广存在一定的困难。因此，笔者在对调研对象的经验进行抽象和提炼之后又总结出了本书的观点。

产教融合对学生、学校、产业和社会来说是一个多方共赢的机制，尤其是对学生来说，既能够提升专业能力，又能够为以后立足社会提供保障。传统的职业院校虽然给学生提供了实习的条件和场所，但是各种条件的限制导致实习缺乏针对性和激励性。产教融合中有大量的实践机会，而且这种实践是经过专门设计的、有针对性的，与学生在校期间所学知识融会贯通的实践。传统的职业院校学生实践的一个很大弊端就是缺乏针对性，这导致学生所学与所用之间无法实现无缝对接，而产教融合能够弥补传统实践存在的缺点。

产教融合的学生实践就是把在课堂上学到的知识应用到实践之中，在课程设计上具有对应性。产教融合涉及每一门课程，从专业培养目标入手，学校与企业在充分合作的基础上共同制定培养目标以及课程标准。所涉及的骨干课程均是理论与实践高度结合，这就可以让学生带着问题学知识，并且在实践中解决问题，形成了一个遇到问题、解决问题的良性循环。通过产教融合培养出来的学生在动手能力和解决问题的能力方面具有优势，他们可以更加灵活地对问题进行分析并选择合理的方式进行解决。这种人才培养模式的改变还在很大程度上改善了学生的三观，从而培养出更多能够为建设中国特色社会主义服务的优秀人才。不仅如此，产教融合还会激发学生创造、创新的愿望和热情，激励他们在实践中不断探索、不断创新，而这种创新意识、创新能力、创新人才的培养正是职业院校的办学方向。

产教融合不仅可以让企业参与其中，而且有条件的学校可以自己创办企业，以学生为主体进行发展；学生在实习过程中可以取得一定的报酬，这客观上也为学生工读结合、勤工俭学创造了条件，还能够解决贫困学生的学费和生活费用问题，为精准扶贫提供支持和保障。

产教融合在更大层面上能够为助推地方经济发展提供专门的服务，因为我国的职业院校多为地方性的，其最主要的作用就是服务于地方经济发展。我国当前的职业教育是以就业为导向的教育，在社会主义市场经济体制之下主要以培养技能型人才为主要目标，这类人才具有鲜明的职业性、技能性、实用性等岗位特点，简单地说就是工作在第一线，懂技术、会操作、能管理的技术员。

产教融合的重要参与对象是企业，在融合过程中要格外注重对企业需求的满足。只有充分调动企业的积极性，才能实现产教融合效果的最大化。当前进行产教融合的企业多数为生产制造型企业，这对学校提出了新的要求，学校也应针对企业所需的产品与技术进行开发，以实现学校培养人才、研发产品和技术服务的三大功能。要想使企业需求与学校教学无缝衔接，与技术发展方向合拍，就必须吸收企业技术骨干、学者专家参与培养目标的研讨、教学计划的制订。产教融合的基础是"产"，即必须以真实的产品生产为前提，在这样的基础上进行专业实践教学，学生才能学到真本领，教师才能教出真水平。这样的"产"不能是单纯的工厂生产，必须与教学紧密结合，其目的是"教"，在产教融合比较成熟的情况下，再逐步向"产、学、研"发展。学校真正具有了"产、学、研"的能力，适应了市场的需要，形成的发展能力就落到了实处，做强做优也就有了基础。

改革开放以来，我国的社会主义市场经济取得了非常大的进步，对我国的高等职业教育产生了深远影响，这种影响包括为我国高等职业教育提供了很好的校企合作环境、为高职院校毕业生提供了工作和实习场所、为高职院校培养了大量的"双师型"教师。当然，经济的进步对职业教育的影响远不止如此，实际上中国经济水平的提升就是依靠人才素质的不断提升实现的。

在经济发展的大背景下，应用型本科也应运而生，并且加入了高等职业教育的大家庭。在实践型人力资源理念的指导下，培养合格师资的任务将会更加艰巨。应用型本科要想实现发展目标，就要提升产教融合的水平。经济的发展和社会的进步对教育提出了更高的要求，主要体现在对人才的要求不断提高。应用型本科要能根据社会经济发展的需要灵活调整人才培养方案，提供可满足经济社会发展需要的社会服务，并能开展科学技术研究，为相关行业提供前沿的技术指导，为社会经济的发展提供技术支持。总之，高职院校要不断适应经济发展的需要，并争取成为经济发展的助推力量。基于此，在社会主义市场经济背景下，高等职业教育"产教融合"是一种产、学、研"三位一体"的融合模式，不仅具备学校和企业的多种功能，还具备随时适应产业结构调整和参与市场竞争的能力，是在学校、企业、行业以及社会相关部门不同程度的参与下形成的新的社会组织结构，肩负着助推高等职业教育改革和社会经济发展的重任。从这个角度来说，产教融合的发展在很大程度上会影响经济发展，进而也会影响"两个一百年"奋斗目标的实现。

（二）产教融合的特点

1. 立体式融合

社会主义市场经济追求的是多元化，产教融合服务于社会主义市场经济，所以其发展路径也必然受到社会主义市场经济的影响。产教融合在发展中更加注重立体式融合。立体式融合区别于平面融合，从融合的层次来说，校企合作属于层次比较低的融合，也就是平面融合。产教融合是高层次的融合，可以说是立体式融合，它打破了原有单一合作或双项合作的局限，在产、学、研三方面进行全面、深入的合作，融合后的组织结合了生产、教学和科研的特点，不仅自身是生产的主体，具有企业创造经济效益的功能，而且能提供产业发展需要的专业技术人才，为产业的可持续发展提供源源不断的智力支持。通过对比产教融合模式下培养出来的人才与传统模式下培养出来的人才，就可以发现二者存在着比较大的差异，产教融合模式下培养出来的人才具备更强的可持续发展能力。从另一个角度来说，企业的需求也能为学校的教育教学改革提供方向和目标，保证了高等职业教育能够满足行业需要。融合后的组织能科学配置内部资源并开展基础研究、应用研究和开发研究，为产业发展提供有力的技术支持，为学校教育内容的更新提供最前沿的信息资源，保证了教育与时俱进。三者融合在一起，形成了一个良性循环，开展教学、科研、生产等服务活动，在促进内部发展的同时不断向外辐射，发挥其更大的社会效应和作用。立体式融合对于经济发展和社会进步都有着非常重要的助推价值，反过来也促进了教育的发展和进步。

2. 社会主义市场经济产业化发展的融合

社会主义市场经济产业化发展是指某种产业在社会主义市场经济条件下，以行业和企业的真实需要为导向、以实现效益为目标、依靠专业服务管理形成的系列化和品牌化的经营方式和组织结构，其基本特点是面向市场、行业优势、规模经营、专业分工、相关行业配合、龙头带动、市场化运作。对于不符合市场需求的项目，要遵循市场进退机制，及时终止不必要的投入，避免产教融合运作过程中机制的片面性。因此，社会主义市场经济产业化发展的产教融合是一种面向市场需求的融合，在产、学、研三方面做大做强，分工合作，强强联合，能创造出良好的市场发展前景，具备其他组织无法复制的竞争优势，形成自己的品牌，在市场中具备核心竞争力，并且能形成一定的规模，带动其他合作项目不断深入开展，严格按照市场规律来开展活动。

3. 以企业需求为出发点的融合

教育是以培养人才为主要目标的，早期的教育在人才培养中不是十分注重与企业之间的对接。产教融合在培养目标方面领先于传统的教育，出发点是企业的需求。企业参与到人才培养的全过程之中，能够将自身的需求以最大化的形式表达出来，并且在课程设计中逐个满足。传统的高等职业教育产教融合实践过程中，搞形式、走过场、学校"一头热"的现象并不少见。出现这种现象的原因有很多，主要是双方在合作的早期并未找到能够让彼此共赢的路径。而很多企业迫于政策的压力或是学校的单方意愿，在没有找到双方合作的需求点时就盲目开展形式上的校企合作，缺乏严谨的调研。

这样的产教融合违背了社会主义市场经济的需求导向，不能产生有益的效果。真正实现产教融合的组织，能够以企业、学校和相关合作部门的需求为前提，明确市场的供需状况，确定各自的实际需求，寻求利益结合点，在满足自身需求的同时，能为市场的供给和需求的均衡做出一定的贡献，并能根据供给和需求的均衡变化调整自己的发展战略，这样不仅解决了合作的随意性、被迫性问题，也提高了合作双方的积极性与主动性。

4. 多主体管理的融合

以往部分校企合作活动难以实现产教融合的关键原因，主要是没有明确各个主体之间的权利和义务关系，从而影响了校企合作的发展。产教融合的主体正在悄然发生变化，已经从学校转移到了企业和行业，这种变化既与当前的社会发展有关，也与教育的进步有关。正是基于此，在有效的产教融合组织中，学校、企业、政府、行业协会等分工合作、共同管理，在开展任何活动之前都应明确各自的权利和义务，并对其后果承担最终的法律责任。这样不仅可以增强企事业单位对此项工作的责任意识，发挥其主人翁地位，也可以让学校和合作单位在此项活动中的管理工作更为合法、有序，避免了产教融合管理工作的零乱性。

二、实践型人力资源

实践型人力资源是根据社会发展的需要而出现的新生事物，主要是指能将专业的技能和专业的知识应用于所从事工作的具有更强动手能力的人才，其具体内涵是不断发展的。总之，实践型人力资源是具有实际技能的人，是能把理论应用于实践的人才。实践型人力资源培养要以能力的培养为中心，以让学生适应社会的需要、适应经济发展为主要目标。实践型人力资源的培养过程更强调与一线实践知识传授的结合，更加重视实践性教学环节，如实验教学、生产实习等，通常将此作为学生贯通有关专业知识和集合有关专业技能的重要教学活动。实践型人力资源和其他人才相比属于一种中间人才，既有一般人才应具有的理论知识，又必须有较强的理论技能。

三、产教融合生态圈

产教融合生态圈是本书的一个创新之处，主要在于把产业、教育、社会发展等相关利益群体融合到一起，形成产教融合生态圈，这一生态圈的构建有利于助推整体教育水平的提升。

生态圈即生物圈，在整体生态中，不同物种以群体的形式共存于大环境中，群体之间构成特定的关系链条。产教融合生态圈是指高职院校以自身为主体，在地方政府的支持下，围绕地方产业经济发展，积极与地方工业园区开展深入的战略合作。产教融合生态圈的构建有利于教育水平的提高，需要多个部门的协同参与。政府部门的统筹参与，一方面为高职院校进行产教融合搭建平台，另一方面为企业参与产教融合出台更多鼓励政策。在此过程中，高职院校为地方区域经济发展提供智力驱动，企业为地方区域经济发展提供经济驱动。通过产教融合，高职院校人才培养的水平得以提高，学校抓住市场的脉搏，形成办学特色，同时使更多的社会资源转化为教学资源；企业的实践型人力资源缺口得到填补，经济效益得以提高；区域经济得到较好发展，地方政府的经济实力得到较好提升；学校与企业开展更深入与全面的合作，构建了稳定、持续和高效的合作关系，从而形成一个共生共赢的产教融合生态圈。

第二节　产教融合的相关理论

一、杜威的"从做中学"教育理论

美国著名教育家约翰·杜威（John Dewey）把教学过程看作一个"做的过程"。他认为，人们"做"的兴趣和冲动都是以人为主体的。人们知识经验的来源基本上基于主体与客体经验的总结。正是基于此，他强调学校应该被设置成类似社会雏形的地方，即开设好各类工厂、实验室、农场、厨房等，让学生能够在学校这个"小型社会"中学习自己感兴趣的专业和课程。为此，他还提出在场景教学之中要激发学生的创造性思维，解决学生在现实中遇到的问题。这就是杜威所提出来的"从做中学"教育理论。杜威主张学生在学校里获得生活和工作所需的全部知识，对当时的社会教育来说具有很好的创新性。"从做中学"教育理论贯彻到我国的教育方面，对我国教育中的管理理念、师生关系、教学方法、教学评估方式等具有非常深远的指导意义。

杜威认为，人类获得解决问题时，探究能力才是最重要的，而这种能力应该通过科学的训练来获得。同时，他认为教学活动的要素与科学思维的要素应当相同，并由此提出了相应的思维五步法，具体包括：第一，学生要有一个真实的经验情境，要有一个感兴趣的连续的活动，即要有一个能实现"做"的情境；第二，在这个情境内部产生一个真实的问题，并作为思维的刺激物，即要有一个可"做"的内容；第三，学生要进行必要的观察以解决这个问题，即要有一个实现"做"的必要支撑；第四，学生必须一步一步地展开他所想出的解决问题的方法，即要有一个完整的"做"的过程；第五，学生要有机会通过运用来检验他的想法，使这些想法意义明确，并且去证实这些想法是否有效，即有一个针对"做"的结果的检验。这里的思维五步法表面上看完全是一个学生"做"的过程，但"做"的过程是对"学"的积累。高等职业教育旨在培养生产、服务与管理第一线的高素质技能型人才，就是在基层岗位和工作现场做实事、干实务的实用性人才，而这种人才不是单单在学校里就能培养出来的，他们必须也只有在生产和工作的实践中获得能力、提高能力。正是基于此，高等职业教育应更注重培养学生的职业能力，在教学过程中强调与实践相结合，实现学生的"做"，从而完成学生的"学"，以提高学生适应职业岗位的能力，缩短从学校教育到实际工作岗位的距离。

结合杜威的思维五步法不难看出，"从做中学"理论在高等职业教育教学中的应用，具体体现在师生关系的准确定位以及教学方法的合理运用上。实施"从做中学"的初期，人们常常会出现一个角色误区，认为教师是"做"的准备者，即为学生准备好所有资料和设备，而在学生真正"做"的时候，教师也不过是个旁观者。如果以这样的态度处理"从做中学"，其结果便是学生盲目地"做"，却谈不上"学"。强调"从做中学"，并不是对教师的忽视，无论把课堂搬到实验室还是工厂中，无论教学中采取什么方法，都不能缺少的一个人就是教师。只不过此时的教师不再是"一言堂"的主人，而是一个"方向标"。他的具体作用有三个，具体如下：第一，为学生营造真实的经验情境，并提出一个能引发学生兴趣的问题。第二，在学生实际"做"的过程中出现错误、疑惑、困难或有所发现、有争论时进行有目的、富于智慧的引导，当学生有操作经验之后进行提炼、总结等，否则学生的操作可能是无效或低效的。第三，给学生创造一个可以检验其"做"的结果的机会。"从做中学"理论的中心是学习者本身，是学习者通过"做"形成"思"，最终实现"学"，是学生通过自己的努力获取知识与培养能力的过程。在这个过程中，既少不了教师这根"指挥棒"的引导，也少不了学生自身的操作与思考，学生只有通过实际的动手与动脑，对问题进行分析处理，才能在"做"中体会知识的运用。

随着我国高等职业教育的发展，教学方法越来越注重实践性，强调与社会相结合，与用人单位的需求相结合，突出学生实际动手能力的培养，但无论采取什么样的教学方法，在其具体运用时落脚点依旧为"教与学"。

传统观念认为，所谓"教"，就是教师站在讲台前，通过语言、行为，再配合教具、多媒体课件等手段展示教学内容，而"学"就是学生坐在教室里去听、去看、去写。在这个观念的理解中，只有处于关系上位的教师做出教授、告知的行为才是"教"，否则教师就会被认为是偷懒、不负责任。这是过于关注"教"的行为表现。至于教师"教"的行为对学生的"学"是否有实际的效果就不在研究范围内了。"从做中学"却是对"教"的另一种更为人性化的诠释，"从做中学"绝不意味着让学生"做"就行，而必须是在教师指导下富有意义的"做"与"思"，这其实是把"教"的过程融入实际的情境，教师在学生"做"的情境中

"教"，要达成"做"以成"思"，"思"建立在平等与对等的关系上，平等的价值高于对等，没有平等就无法谈及对等，平等是对等的前提。

二、陶行知的教学做合一理论

我国著名教育家、思想家陶行知在留学过程中师从杜威、美国进步主义教育家威廉·赫德·克伯屈（William Heard Kilpatrick）等美国最具影响力的教育家。他在回国之后，便积极地将其在美国学习到的先进的教育思想与中国当时的国情结合起来。1926年，陶行知开创了自己的生活教育理论。陶行知提出了三大教育理论，即"生活即教育""社会即学校""教学做合一"，而"生活即教育"是重中之重。在陶行知看来，如果教育脱离了生活，教育就是死的，没有生活作为中心的学校教育是一种死的教育。他的生活教育理论在当时的中国具有非常重要的意义和作用。他的教学做合一理论深刻地批判了旧社会教育中存在的不足，同时给出了相应的解决问题的方式。这种教学理念的改革和践行对当时的社会来说具有非常好的作用。同时，他还强调教学应该同实际的生活方式结合起来，这就需要教师运用新的教学方式，根据"学"的方法进行教学。"教"与"学"都应该以"做"为中心，"做"才能够让学生获得全面的知识能力。陶行知的理论在以市场需求为导向的产教融合模式下同样适用。"生活即教育"五个字明晰地体现了知识结构与市场以及社会发展同步的理念。

"生活即教育""社会即学校"和"教学做合一"是陶行知生活教育理论的三个基本命题，研究者对这三个命题的历史流变一直缺乏较为系统的研究。作为生活教育理论的方法论，"教学做合一"在生活教育理论体系中居于重要位置。本书试图在教学方法层面对"教学做合一"进行述评，以期更好地还原和借鉴这一理论。"教学做合一"作为陶行知生活教育理论的重要命题和方法论，大致经历了六个阶段，根据侯怀银和李艳莉的《"教学做合一"述评》一文梳理如下[①]。

（一）萌芽期：1917—1925年

1901年至1915年期间，我国开始系统地从日本引进其教育理论，其中有关教育学、教授法、教育史、学校管理学等领域的引进数量尤其多。基于这些教育理论的引进，清朝末年许多学校在教学方法上进行了改革，基本上都采用了赫尔巴特五段教学法。该方法因操作简便，受到了教师的普遍欢迎。然而，其过度强调机械性和形式性，往往会导致教与学过程的分离。1917年，陶行知回国后察觉到

---

① 侯怀银，李艳莉．"教学做合一"述评［J］．课程·教材·教法，2013（8）：16-23.

国内学校中普遍存在"教师单向教授，学生被动接受"的现象，并主张将"教授法"更名为"教学法"，但这一提议在当时并未得到采纳。直至1919年，陶行知在《教学合一》一文中深入阐述了教学方法应以学生为中心，教学的方式应依据学生的学习方式进行调整。在五四运动期间，陶行知将教授法全面更名为教学法，标志着"教学做合一"思想的诞生。这一思想的提出，对当时教育界中忽视学生主体地位和实际生活需要的问题进行了反思与纠正。

随着欧美教育理念的渗透，以儿童活动为中心的教学法于20世纪20年代初期开始在中国学校进行实验性应用。这些方法因其对学生兴趣和活动的关注，在试行初期产生了强烈的社会反响。然而，随着进一步的实施，人们意识到这些方法并未充分考虑我国的具体国情，其内在的局限性也逐渐显现。例如，设计教学法虽与实际生活有较高关联度，但教学计划往往由教师单方面制定，有时未能贴近学生的生活经验，且在一定程度上偏离了系统知识的传授；而道尔顿制虽给予学生更大的学习自由，却过分依赖于书本知识，同样未能紧密结合学生的日常生活实践。陶行知深刻洞察了这一问题，他指出这种教学方法的转型只是从"老八股"变成"洋八股"，这种改革未能与我国社会的实际情况相结合。因此，陶行知提出了"教学做合一"的理念，强调学习、教学与实际操作应相互融合，学习的方式应基于实践，教学的方法应源于学习，而实践又应当指导学习和教学。尽管这一理论框架在当时已初步形成，但具体名称尚未统一。直至1925年，陶行知在南开大学演讲后，经由我国著名教育家张伯苓建议，该理念才正式被命名为"教学做合一"，标志着"教学做合一"理论体系的萌芽。

（二）形成期：1926—1938 年

陶行知于1926年在其著作《中国师范教育建设论》及《试验乡村师范学校答客问》中，对"教学做合一"的教育理论进行了详尽且系统的阐述。晓庄试验乡村师范学校于1927年正式成立，该校的校训为"教学做合一"。针对部分师生对校训理解不够深入的情况，陶行知开展了《教学做合一》的演讲，并撰写了同名专文，进一步明确了"教学做合一"的思想内涵，使其在教育界得以广泛传播和深入实践。

（三）发展期：1939—1948 年

育才学校于1939年在重庆创立，"教学做合一"的教育理念经过长时间的实践探索，在这一时期呈现出更为丰富的内涵，且与杜威提倡的"从做中学"观念有了显著的区分。首先，强调集体生活的重要性，鼓励学生在集体环境中培养自治、探索和创造能力，以追求真理和创造新价值。其次，要求学生不仅要掌握基本技能，还要具备扎实的基础知识，为此设计了普通课和特修课两种课程形式。普通课旨在传授基础知识，为学生掌握现代科学、开发现代文明提供必要的工具；特修课旨在为有特长的学生提供更为深入和专业的培养。此外，育才学校高度重视教师的作用，聘请行业专家担任专业组主任，加强对学生的专业指导。在教学方法上，通过师生共同订立的公约来维持教学秩序，确保教学活动有序进行。同时，强调课堂教育与社会活动相结合，鼓励学生通过参与社会服务活动，在实践中学习和成长。

（四）批判期：1949—1977 年

1946 年陶行知离世后，教育界对于其所倡导的"教学做合一"理念进行了广泛而深入的讨论，多位学者均对其重要价值及其蕴含的辩证唯物主义思想表示了肯定。在 1950 年纪念陶行知逝世 5 周年的活动中，各地纷纷出版了纪念特刊和文集，以表达对这位教育先驱的敬仰，并高度赞扬了他的生活教育思想，认为其具有深远的革命意义和卓越的创造性。然而也有部分学者提出，"教学做合一"这一理论更多地适用于陶行知所处的时代环境，而在当今这个强调民主、科学、大众教育的时代背景下，其适用性可能需要进一步的探讨。

1951 年 5 月之后，学术界涌现出对陶行知教育思想的批评声音，指出其教育观点源于实用主义，特别是"教学做合一"教学法，被质疑忽视了系统科学知识的培养，仅适合于生活中零散经验的传递。批评者认为，该教学法过分强调书本的作用以及主张一切从经验出发，在教育实践中存在明显的局限性。

1957 年，陶行知的教育思想经历了一次短暂的重评。在这一时期，教育学家梁忠义在《文汇报》上发表了《陶行知生活教育思想与杜威实用主义教育思想的根本区别》一文，明确指出生活教育理论是在中国近代民主革命阶段所建立的民主主义教育思想体系。著名社会科学家邓初民在《陶行知先生在中国教育史上的地位和作用》一文中提出，陶行知倡导的"教学做合一"教育理念突破了封建社会的传统教育模式，将理论与实践紧密结合，具有劳动教育的意义。然而，自 1958 年起，学界对"教学做合一"教育理念进行了新一轮的批判。部分学者指出，尽管"教学做合一"在摆脱封建束缚和奴化教育、促进教育与生活及劳动的联结方面具有积极作用，但同时也取消了系统的理性知识教育，削弱了教师的主导作用，导致教育水平下降和学生系统理论知识缺乏，影响了学生对生态和社会发展规律的全面认识。第三届、第四届全国政协会员方与严也对此表示担忧，认为"教学做合一"虽然对反对"死读书"起到了积极作用，但过分强调"做"可能导致课堂教学地位的降低，从而忽视了对系统知识的传授。中国科学院安徽光学精密机械研究所原党委副书记凌汉如进一步指出，邓初民等的文章主要聚焦于陶行知教育理念的正确和进步方面，而对其中可能存在的错误和落后之处并未进行深入批判。1959 年后，"教学做合一"教育理念的研究逐渐陷入低谷，研究进展变得缓慢甚至停滞。

（五）重评期：1978—1984 年

1979 至 1980 年间，尽管有部分研究者仍聚焦于"教学做合一"的不足，但到了 20 世纪 80 年代中期，越来越多的研究者认可陶行知"教学做合一"教育思想具有创新性、革命性和科学性，是深深地扎根于人民群众的实际生活之中的。陶行知"教学做合一"理念并非简单地将杜威的教育学说在中国进行复制，而是经过个人长期的实践探索、深刻体悟和不断总结所形成的独特教育理念。

（六）运用期：1985 年至今

自 1985 年《中共中央关于教育体制改革的决定》发布后，对陶行知教育思想的研究进入了新的发展阶段。在这一阶段，"教学做合一"的教育理念得到了研究者的基本认可，并被广泛地应用于课堂教学、师资培养等多个教育实践领域。关于"教学做合一"的研究趋势，在 1985 年后主要呈现出以下几个特点。

首先，实践应用在研究中占据主导地位，而理论探讨相对较少。研究者普遍认可"教学做合一"的优越性及其在教育领域中的价值，因此将其应用于师范生培养和教学改革等多个方面。自 2007 年以来，"教学做合一"的实践应用趋势更加明显，尤其在 2011 年陶行知诞辰 120 周年纪念活动的推动下，其教育理念得到了更广泛的推广和实践。

其次，一线教育工作者成为推动"教学做合一"研究与实践的主要力量。随着"教学做合一"教育理念在教学实践中的价值得到越来越多理论工作者的认可，一线教育工作者开始积极参与其中，结合自身的教学实践进行深入的实践研究，为"教学做合一"的推广和应用提供了宝贵的经验。

最后，研究者不仅对"教学做合一"的理论内涵进行了深入的分析和阐释，而且在实践中对其进行了进一步的理解和运用。

陶行知把"教学做合一"深深根植于具体的环境中，并辅以相应的课程和相匹配的教材，试图实现方法和内容的有机统一。例如，在发展期，结合培养特殊才能的人才目标，开设了不同的课程，通过内容和方法的有机结合发挥了"教学做合一"的无限活力。教学方法改革必须密切结合具体环境，配套相应的课程、教材等，否则只能是无源之水、无本之木，在实践中无法发挥长远作用。

三、福斯特的产学合作理论和职业教育思想

英国著名学者、教育家菲利普·福斯特（Philip Foster）的产学合作理念对教育界的发展来说具有非常重要的作用。福斯特认为，当前许多职业教育计划难以实现都是因为受训者缺乏必要的基础理论知识与基础技能知识。因此，产学合作过程中应该首先从课程职业化设计出发，以理论基础为切入点，最终搭建就业化平台。同时，职业院校中的中级、低级人才的培养应该注重走"产学融合"的道路。

福斯特是当今国际职业教育理论界极具影响力的著名学者，多年来致力于对职业教育理论的研究。福斯特以其《发展规划中的职业学校谬误》一文而闻名于世。此文发表于 1965 年，其许多关于职业教育发展的重要思想都包含在此文中。20 世纪 60 年代正是西方"发展经济学"盛行时期，这一理论提出发展中国家的经济增长可以让政府发挥主要作用，可采用集中的、非面向市场的计划模式。受其影响，当时教育理论界有人提出了"人力资源说"，即主张学校可以根据政府的经济发展计划和长期性的人力预测来提供一定数量的训练有素的人力储备为经济发展服务。在教育发展战略上，这一学派主张发展中国家通过重点投资学校形态的职业教育和在普通学校课程中渗入职业教育内容来促进经济发展。人力资源说在当时得到了包括联合国教科文组织在内的一些国际组织的支持，成为当时发展中国家教育与经济发展的指导理论。这一学派以英国经济学家托马斯·巴洛夫（Thomas Balogh）为代表。针对巴洛夫的主流派理论，作为长期致力于发展中国家教育理论研究的福斯特以他多年来的研究成果为依据，写下了《发展规划中的职业学校谬误》一文，从教育发展的一些根本问题上系统地阐述了他的职业教育思想，提出了许多与巴洛夫为首的主流派不同的观点，从而在职业教育理论界引发了一场长达 20 年的大论战。最后，以福斯特为代表的少数派成为当今职业教育界最有影响力的主流学派。福斯特的职业教育思想反映在《发展规划中的职业学校谬误》这篇名作以及他之后发表的文章中，我们可对其主要思想和观点进行以下概括。

（一）职业教育必须以劳动力市场的需求为出发点

福斯特认为，受训者在劳动力市场中的就业机会和就业后的发展前景，是职

业教育发展的最关键因素。因此，职业教育的发展必须以劳动力市场的实际需求为出发点。

（二）"技术浪费"应成为职业教育计划评估中的一项重要内容

福斯特注意到，许多发展中国家的职业教育毕业生的就业岗位与其所受的专业训练不一致，从而他提出了职业教育中的"技术浪费"问题。他认为，"技术浪费"通常是以下三个原因造成的：一是国家为促进经济发展提前培训某类人才，但现有经济并不能利用和消化这些人才；二是市场需要这些人才，但人才被安排到与训练不相关的职位，所用非所学；三是市场需要这类人才，但职业前景和职业报酬不理想导致职业教育毕业生选择了与培训无关的职业。发展中国家应足够重视"技术浪费"，把它纳入职业教育计划，并作为其中的一项重要内容。他还认为尽管"技术浪费"现象在发达国家也存在，但在发展中国家更严重，而由于发展中国家的资源更加有限，这种"浪费"更应该得到足够的重视。

（三）职业化的学校课程既不能决定学生的职业志愿，也不能解决其失业问题

以巴洛夫为首的主流派认为，学校课程的职业化可引导学生的职业志愿，从而避免学生不切实际的就业愿望，减少失业。福斯特认为，学生的职业志愿更多地由个人对就业机会的看法决定，学校课程本身对这一选择过程并无多大的影响；失业的原因并不简单是学校课程上的缺陷，很大程度上是由于劳动力市场对受训者缺乏实际需求。

（四）基于简单预测的"人力规划"不能成为职业教育发展的依据

20 世纪 60 年代是"人力规划"最时兴的时期，大规模人力预测成果作为各级各类教育与人才培养的依据，对职业教育的影响尤为突出。福斯特对此持批评态度。首先，他对人力预测的准确性表示怀疑。其次，他对人力规划的后果表示担忧，因为一旦经济增长率不足以吸收和消化人力规划所培养的人才，不仅会造成人力和物力浪费，还会加重社会上的失业状况。应当指出的是，在计划经济下，大规模培训计划是行不通的，但与实际发展密切相关的小规模培训计划还是应提倡的，福斯特反对的是那种脱离市场的大规模的人力规划，他支持那种与实际发展密切相关的、小规模的职业计划。这也是他所强调的职业教育发展必须以劳动力市场的实际需求为出发点。

（五）倡导"产学合作"的办学形式

福斯特认为，职业学校在人才培养上有规模效益，但鉴于职业学校本身一些难以克服的缺陷，必须对职业学校进行改造。最重要的措施是走产学合作的道路，如改革课程形式，多设工读交替的"三明治"课程；实践课尽量在企业进行，缩小正规学校职教与实际工作情景之间的距离等。另外，在生源方面，可招收在职人员。总之，职业教育和培训逐渐从学校本位走向产学合作。

（六）职业教育与普通教育是互补关系而非替代关系

福斯特指出，成功的职业教育需要成功的普通教育作基础。随着社会生产力水平的提高，生产过程要求人才具有更为深厚的文化基础知识。学生具备扎实的文化基础也有助于提高其以后的继续教育能力和职业转换能力。因此，要在扎实的普通教育基础上开展职业教育。

（七）反对"普通教育职业化"

巴洛夫主张除大力发展职业学校外，还要在普通学校增设职业课程，实现"普通教育职业化"。福斯特认为，发展中国家不应采用这种形式的职业教育。他认为，"普通教育职业化"既达不到普通教育的目的，也达不到职业教育的目的。

（八）农村职业教育要点

福斯特非常重视农村职业教育，对此提出以下主要观点。

第一，农村职业教育的对象是农民而非学生。

第二，农村职业教育的主要任务是向农民推广生产知识、新技术。

第三，农村职业教育必须注重农民的求知积极性。农民非常注重实际，只有当他们看到科技带来的实际收益时，才会有学习的意愿。农村职业教育只有与当地发展和农民收益直接相关，才有可能获得成功。

福斯特长期从事职业教育理论研究，并在大量调查研究的基础上提出其职业教育思想，有着坚实的理论和实践基础。虽然福斯特的职业教育思想主要产生于20世纪60年代中期，但其中的许多观点在今天仍然具有强大的生命力。例如，职业教育必须以劳动力市场的需求为出发点、基于简单预测的人力规划不能成为职业教育发展的依据、要在扎实的普通教育基础上开展职业教育等，被证明依然符合当前职业教育发展的实际。福斯特提出的"对职业学校进行改造，走产学结合的办学道路"是一种先进的战略定位，因为职业教育不同于研究型的高等教育，它不需要太多的超前理论，而是更多地注重实践知识的传授，技能重于研究，动手操作重于理论思维。所以，注重产学合作，加强对职业学校学生动手能力的培养是一个永恒的主题，也是当前世界范围内对职业教育的一个主流认识。

福斯特的职业教育思想主要是基于当时非洲几个发展中国家的职业教育发展的实践得出的，难免有其局限性。其局限性的核心是几乎全盘否定了学校形态的职业教育。福斯特对学校本位的职业教育持否定态度，显然是不符合我国的现实状况的，这一点已无须怀疑。学校本位的职业教育是我国教育的一种基本形式，在现实中，职业学校仍然是我国职业教育的办学主体。学校形态的职业教育有其难以取代的优势，除了有人才培养的规模优势外，关键是在培养学生的文化基础、人文素质等方面是其他形式的职业教育不可比拟的。即使在发达国家，学校形态的职业教育仍是当今职业教育的主流。虽然学校形态的职业教育有其局限性，但是通过改革办学形式、课程体系、教学方式等手段可以加以弥补。另外，在多元化的社会，不同国家和同一个国家不同地区的人们对职业教育的需求也是多方面的，应该提倡多元化的职业教育办学形式。

第三节　产教融合的构建原则与作用

一、产教融合的构建原则

（一）多主体原则

产教融合需要多个主体参与其中，多主体原则已经被证明为一个非常重要的原则。高职院校实施的大学生创新创业教育涉及政府、学校、行业与企业、学生、社会五大主体，他们在产教融合中承担相应的职能。

第一，政府是高职院校创新创业教育的领导和管理主体。高职院校的创新创业教育发展是否顺利很大程度上取决于政府的支持与助推。正是基于此，国家在宏观层面上的政策引领、措施落实、监督和服务体系的搭建都是非常重要的，必须通过出台法律、法规和政策来引导、支持和促进职业教育与行业企业深度融合，发展职业院校的创新创业教育。

第二，学校是创新创业教育的执行主体。高职院校发挥着为社会提供创新创业人才的作用，承担了创新创业教育最重要的职能。

第三，行业与企业是高职院校创新创业教育的对接主体和受益主体。具有创新创业素质的高端技能型人才将有力地提升社会生产力，助推产业创新和转型升级，提高企业的竞争力和效益，最终使行业和企业受益。

第四，学生是高职院校创新创业教育的学习主体和受益主体。

第五，社会是高职院校创新创业教育的参与主体和监督主体。

（二）自组织原则

产教融合的发展在探索时期主要依靠学校和企业的自组织发展，在这样的发展过程中，自组织发展逐渐成为一种共识。自组织是指客观事物自身的结构化、有机化、有序化和系统化的过程。高职院校的创新创业教育各实施主体开展创新创业教育包含自组织行为，具有自组织演变的特性。只有在政府逐渐意识到产教融合发展需要进行调控时，这种自组织原则才逐渐被打破。

（三）协同性原则

与自组织原则相对应的就是协同性原则，产教融合在探索阶段主要依靠的是自组织，随着发展的深入，各个利益群体需要进行协同发展，协同性原则便应运而生。我们要借鉴协同教育理念，探索政府、行业与企业和高职院校之间整体与部分、各要素或子系统间的协同作用，增强高职院校的产教融合多主体协同性。协同开展高职院校的产教融合的关键是提高参与主体尤其是政府、行业与企业的积极性、主动性。政府要完善法规政策，强化制度的约束力和系统的政策激励；高职院校要不断提升服务社会的能力，增强协同行业和企业全方位支持和参与产教融合的吸引力，提供更多的合作桥梁和纽带；行业与企业要以人才培养为己任，突破仅限于学校主体资源要素利用的协同瓶颈，积极参与产教融合，为产教融合提供更多资源平台和合作空间；全社会都要加强对高职院校产教融合意义的宣传，提高全社会包括大学生对高职院校产教融合的认知度和参与度；学生也要积极参与到产教融合中。我们要协同目的、协同内容、协同资源、协同时间、协同各主体的责任，从而构建政府有效宏观管理、行业与企业主动对接、社会广泛参与、学校主导、学生执行的产教融合机制。

（四）共享性原则

如今共享经济已经成为社会经济发展的重要组成部分，共享性原则也成为产教融合的重要原则。在产教融合背景下开展高职院校的创新创业教育，共同培育创新创业人才，政府、学校、行业与企业、学生、社会都是受益者。要注意发挥市场对资源配置的作用，建立政府激励机制、互惠互利的动力机制、共生发展的利益分享机制，使各主体做到责任共担、利益共享，助推高职院校的产教融合有序发展。产教融合是现代职业教育的重要特点，也是建设现代职业教育非常重要的制度，从"产学融合"到"产教融合"，描述了我国产教融合向深度和广度发展的趋势，为创新高职院校的创新创业教育提供了宽广路径。

二、产教融合的作用

（一）有利于专业定位和建设

企业和高职院校紧密合作，当社会经济发展的路径发生变化时，企业能够第一时间感知到，并将所需要的人才培养标准及时传达给高职院校，高职院校及时做出响应，使专业定位始终跟上时代的步伐。从教育方面看，近一段时期以来，我国职业教育的一大特色是以职业学校为主体培养初入职的技术技能人才，企业相对脱离于人才的正规职业准备教育，出现了职业院校对产教融合、校企合作共同育人和研发的需求格外强烈的情况。企业拥有丰富的技术能手，对于行业需要的人才定位比较清楚，能够给专业定位和学科发展把脉。产教融合、校企合作培养技术技能人才是其他国家职业教育成功的原因之一。呼唤和渴求产教融合、校企合作培育技术技能人才在我国有着深刻的教育和经济背景。从经济领域看，我国正在进入工业化中期，努力实现产业升级转型、建立创新驱动的现代产业体系，对复合型和创新型技术技能人才的需求在倒逼行业企业做出变革。

当前职业教育的体制机制不畅、承担和参与主体缺位、相关制度不匹配、政策措施不协调、发展动力不足等问题成为制约职业教育发展的瓶颈。推进国家治理体系和治理能力现代化，为解决上述职业教育的瓶颈问题提出了全新视角、顶层思路。职业教育作为与社会经济发展密切相关的一种教育类型，同时肩负着面向人人和培养高技能人才的重任，关乎国家的经济发展与社会和谐。

改革开放以来，在政府及各部门的积极努力下，职业教育的发展取得了巨大成就。但是，目前与我国经济社会的需求和人民群众的期盼相比，职业教育发展依然面临很多困境，许多问题表面看似乎在职业教育自身，而其实质是职业教育的外部制度、体制机制使然。"十四五"以来，我国职业教育的校企合作创设了"订单式"培养、工学交替、校中厂、厂中校、"政、校、企"三方联动等一批具有区域行业特色的校企合作人才培养实现形式，形成了"合作办学、合作育人、合作就业、合作发展"的校企合作人才培养理念，但是职业教育校企合作也遇到了较多的困惑、问题和困难，尤其是参与各方对职业教育校企合作的国家制度政策的缺失体会颇深，对职业教育在国家政策、制度层面的顶层设计改革有着较为迫切的诉求。实行校企合作、工学结合的职业教育人才培养模式，是培养技能型人才的有效途径，体现了职业教育的本质特点。职业教育所肩负的培养技能型人才的任务需要职业院校与行业企业共同承担，日益成为职业院校、广大企业和社会各界的共识。

（二）有利于课程建设

课程体系是学科发展的载体，企业岗位所需的各项技能都需要通过课程体系来实现，通过相应课程来培养对应岗位技能。职业院校的校企合作中既有老生常谈的旧问题，也有发展过程中的新问题，需要政府统筹考虑解决的办法，整体推进合作的发展深化。企业对岗位职责有比较全面的了解，能够对各工种的工作任务做出详细规划，然后将岗位职责标准转化成课程标准，将企业项目实例转化为课程教学案例。

（三）有利于提升教师的社会服务能力

校企双方经常互派人员轮岗实训。企业派专业技术人员到校为师生讲学，有利于提高师生的实践操作水平。高职院校派教师下企业锻炼，在企业生产一线，教师能够大幅提高自身的实践能力。我国职业教育的主体是职业学校，主要由教育部门统筹管理，但教育部或者任何单一部门都无法有效地解决职业教育校企合作的跨部门、跨领域问题。2009 年，《宁波市职业教育校企合作促进条例》开始施行，这是我国第一部地域性职业教育校企合作促进法规，为明确职业院校、企业和政府部门职责，预防学生在实习期间意外伤害事故，保护企业商业秘密等提供了法律依据，为宁波地区职业院校和企业合作培养高素质技能型人才，促进校企合作可持续、健康发展提供了法律保障，是完善我国地方校企合作法规的重要标志。职业教育实行校企合作和工学结合的人才培养模式，不仅是培养应用型、技能型人才的基本做法，而且符合我国关于教育同生产劳动相结合、培养全面发展的人的基本教育方针，为加快制定国家职业教育校企合作促进法规提供了宏观性的思想框架。许多地方对校企合作的认识水平不断提升，认识到人才培养合作项目的收益与产品研发等合作项目的收益相比，回报较低而投入较大。高职院校教师所接触的理论知识较多，但实践方面的技能比较缺乏，大部分高职院校教师都没有太多的项目经验，通过产教深度融合可以提升师资水平。教师在企业掌握了技能后，再结合自身丰富的理论知识，就可以提出有创新性的想法，帮助企业解决实际问题。

（四）有利于学生就业

在产教融合过程中，企业按照自身的人才定位进行人才培养，这样学生便能够第一时间掌握行业最新技术，毕业后即可在相关企业就业，这样便有利于提升就业率。

第四节　社会主义市场经济对产教融合的影响

随着我国经济的发展与经济发展路径的调整，人力资源需求逐渐呈现出多层次与多方位的特点，其必然与社会主义市场经济紧密联系起来。作为社会主义市场经济的重要主体，职业院校具有自身的独特性，要求其积极参与到社会主义市场经济的发展之中。高职院校应该在人才培养过程中紧密结合市场要求，实现自身的优化发展。在我国深化教育领域综合改革的过程中，推进产教融合是职业教育的重要发展趋向，也是高职院校发展的命脉。所以本节立足于社会主义市场经济背景，对产教融合进行进一步探索，探讨如何使高职院校的产教融合切实发挥应有的作用。

一、社会主义市场经济发展诉求下的产教融合

在我国社会主义市场经济体制不断发展和完善的同时，其也对高职院校提出了新的要求。在高职院校的人才培养不断与市场相结合的趋势下，产教融合也是高职院校在社会主义市场经济背景下的新趋势与新方向。高职院校在人才培养过程中应该摆脱"基础性的研究工作者"和"一般操作工"的误区，具有"动手与动脑的双重能力的技术型人力资源"才是人才培养的关键所在。失去了市场竞争性也就难以成为社会主义市场经济的主体，所以在经济改革不断向纵深发展的背景下，高职院校应该不断适应新的经济环境，在人才培养等方面彻底摆脱原有计划经济的条框束缚，加快自身的转型，逐渐融入新的经济环境。因此，高职院校作为培养技术型人力资源的重要阵地，应该切实加强教育过程中的实践环节，通过产教融合把理论与实际有效结合，实现学生实践能力的发展。所以高职院校的发展与社会主义市场经济分不开，其核心竞争力的体现与把握市场主动权密不可分。

　　高等职业教育主要面向具有一定理论知识与较强实践能力的人才培养，所以在其办学宗旨与培养目标中，面向生产、基层与管理服务一线的技术型、实用型与技能型人才是其培养目标。所以在教学过程中的实践操作性应该被更加重视，学生的动手能力也应该被突出和发展。在这种竞争的环境之中，由于用人单位的自主权扩大以及企业人才需求的方向性转变，会操作、懂理论以及善管理的人才成为市场的主要目标。产教融合能够有效实现高职院校的办学宗旨，能够使其不断遵循市场的需求和运作规律进行教育教学活动，使高技能人才适应企业生产的变化，更好地实现高职院校的生存发展之道。高等职业教育具有"高等性"与"职业性"两个根本属性，在社会主义市场经济背景下，我国部分高职院校在办学过程中并未科学处理好二者之间的关系。在高职院校的人才培养过程中，高技能并非现代社会的需求，也不利于受教育者的发展，从而脱离了高等职业教育的独特性。社会主义市场经济的发展要求高职院校进行产教融合，实现人才的科学化培养。高职院校是社会主义市场经济的主体，其办学宗旨具有市场需求性。市场主体的多元化反映了社会主义市场经济的重要特点，其独立性要求形式多样化的主体在市场竞争中实现平等参与。这种竞争具有宽领域性与自发性，也是在社会主义市场经济背景下的生存与发展的竞争。

　　社会主义市场经济的发展要求高职院校提高人才培养水平。高职院校教师的来源受限，教师偏重学生的学术研究能力而忽视实践动手能力的问题广为存在，在培养人才方面不能有效实现为企业提供有效服务的目标。

　　综上，前文中出现的问题需要高职院校着力于产教融合的应用与深化，使学生在教师的带领下参与实用科研与产业实践，能够知其然并知其所以然。只有这样才能更好地服务区域经济与产业的发展，提升学生的知识适应性，实现教育教学资源的合理、有效配置。社会主义市场经济背景下的毕业生就业难问题进一步要求高职院校推行产教融合。在我国社会主义市场经济不断发展的背景下，劳动力市场的竞争程度不断提高，而用人单位更加注重学生的实际操作能力。在我国高职教育体系中，学生培养仍然沿袭传统模式，难以满足市场对人力资源的要求。适应建设、生产、管理与服务第一线的需要是高职院校毕业生顺利就业的重要因素，如果缺乏这样的能力与适应性则必然会使待业率居高不下。高职院校的培养模式是与市场对人才的需要联系在一起的，所以新的培养模式能够切实有效地解决此类问题。产教融合的推行使学生的实践能力得以提升，并能够增强对未来职业的判定与认同，目标的明确与能力的提升也能够使学生着眼于市场的变化，寻求发展机遇，从而缓解高职毕业生面临的就业压力。所以高职院校应该置身于社会主义市场经济体制之中,在产教融合模式的助推下抢得市场人才竞争的优先权。

二、社会主义市场经济背景下高职院校产教融合的角色定位与实施标准

校企合作是从"人才培养"和"用工需求"这一切入点来开展的,在此过程中需要对产教融合中的各个主体进行科学定位并厘清实施过程中的相关标准来助推其有效开展。产教融合最根本的落脚点和最终的追求是为学生服务。在产教融合过程中,学校和企业应把为学生服务当作宗旨。如何使学生树立正确的求职观念、增强学生的实践能力是产教融合的目的所在。学校仅凭借企业需求的"订单"来培养学生势必存在弊端,而产教融合的根本目的也就偏离了,学校和企业不但要培养学生娴熟的专业技能,同时要帮助学生树立自身的求职观,从而通过校企共同培养人才的模式来取得成效。如此,高职院校在产教融合中的主体地位就显而易见了。作为产教融合实施的主体,向本地输送所需的实践型人力资源是高职院校发展的永恒主题。

各地的高职院校也就成了合作育人、合作办学首要推崇的主体。在我国校企合作办学的模式中,高职院校是产教融合的积极助推者,学生岗位实操、合作办学、创建实习基地等形式彰显了高职院校在培养学生和满足社会需要的过程中所做的贡献。就高职院校与企业合作的项目而言,不同于中职院校的是高职院校在产品的开发和实际工作中更具实力,就此我国一批高职院校得到了教育行政部门和社会公众的普遍认可,为产教融合的发展奠定了坚实的基础。政府和企业在产教融合的过程中无疑起着助推和促进的作用。政府虽然置身于产教融合的具体实施外,但在政策的协调制定上、法律和财政扶持上对高职院校和企业具有宏观管理的职能。高职院校的产教融合发展是否顺利很大程度上取决于政府是否支持与助推,所以西方发达国家制定了众多法案来确保学校的产教融合顺利进行。

与此同时,企业在产教融合过程中也是最大的受益者,这一模式能够大量满足企业自身发展的需要。既然企业有着对科研成果和人才储备的诉求,那么就会与高职院校联合进行人才培养。而产教融合从另一个角度来看也是一项良心工程,由于现代社会诸多不确定因素的影响,要想使企业在产教融合过程中更具说服力和道德感,从而形成良性的产教制度保障,需要来自社会与政府的监督、监管,所以培养企业经营教育的社会责任感是产教融合成功的关键。从表面意义上来讲,产教融合是连接学校和企业之间人才供给的纽带;从更深层的意义上来说,产教融合又肩负着自身的使命,高职院校要完成人才"供给"与"需求"对等,要把

如何培养人才、怎样实现人才与企业的需求相对接作为办学的重点，从而培养出优质的人才，助推经济的发展与社会的进步。实现产教融合应达到以下三个标准。

第一，招收的学生数量需要与企业用人数量相协调。高职院校在开设专业前，要经过大量的市场调查与论证，通过统计各企业的人才缺口来设定专业及专业规模。这样做的好处在于既满足了市场的需求，又确保了学生、学校、企业的自愿和平等，使我国企业对应用型技术人才需求的紧缺状态得到缓解，同时减轻了学生的就业压力，缓解了由求职而引发的社会矛盾。

第二，高职院校培养的人才要符合各行业的标准。也就是说，高职院校对学生的培养不能再拘泥于老传统和老规矩，要跳出固有的教育模式寻找适合学生发展的新型培养体系。在传授基本专业理论知识之余，还要找到行业要求与学科发展的融合点，让更多的行业模范人物和企业管理者参与到人才培养过程中，使学生的行业从业水准得以提升。

第三，高职院校要模拟企业的经营场景。在企业众多专利的申请中，"学生专利"占有很大一部分比重，由此可见学生实践能力的重要性。在学校中模拟企业场景可谓增强学生实践能力的最有效途径。模拟场景的建设摒弃了纸上谈兵的弊端，让学生在学习专业基础知识的过程中快速将其转化为实际应用，不但使学生的思维得以转换，更增强了学生处理实际问题的能力。

三、社会主义市场经济背景下产教融合发展的现实障碍

从 20 世纪 80 年代我国高职教育迅速发展以来，无论是中央层面还是理论与实践界都十分重视高职教育中的人才培养创新。国家教育行政部门也不断强调通过产教融合的方式加强校企合作来推进高职教育适应社会主义市场经济发展。但是在现实中，产教融合仍然未得到深入、有效的贯彻和执行，其中的认识观念性障碍、政府助推力不足以及文化差异与系统性缺失等问题是其发展的制约因素。产教融合的认识误区约束了其开展与深化。

社会主义市场经济的发展过程中需要各类人才，技术技能人才也是人才结构的重要构成。提高市场竞争力，核心是依靠科技进步和人才素质的提高，而这就需要产教融合培养高素质、高技能的应用型、技能型人才。产教融合对政府来说，是寻找经济增长点的起跑器；对职业院校而言，是培养经济实用人才的有效途径；对企业而言，是获取应用型、技能型、复合型人才的捷径，是人才储备的银行。

在目前已形成的校企合作中，大多是学校为求生存主动向企业寻求合作，多数企业给予学校的资助也停留在较浅的层面。受到传统教育理念与模式的影响，

部分高职院校缺乏对国内和国际高职教育人才培养的先进理念的学习，并未认识到产教融合在推动产业转型升级方面的重要性、紧迫性与必然性。认识上的误区导致此类院校在办学定位、顶层设计等方面并未科学合理地展开，缺乏系统和全面的学生培养模式规划。另外，从企业的角度来看，部分企业由于缺乏大职业教育观念，并未有效履行社会责任，其对产教融合模式缺乏全面的认识，配合度较低。所以，在认识产教融合的过程中应该认识到其双赢的因素，而并非学校充当"索取者"、企业充当"支撑者"，其并非以一方利益受损为代价。国家对产教融合的助推力不足，缺乏配套的政策、法规环境，导致产教融合更多地流于形式，其长久发展难以得到保障。在我国的高职教育发展过程中，相关教育行政部门出台了诸多相关文件来进一步鼓励和支持高职院校进行产教融合，实现校企合作。但是这些相关文件中更多反映的是一种倡导性发展方向，规定都较为宏观和模糊，而对于此方面的优惠政策、法律条文以及执行性文件等较为缺乏。

在高职教育的产教融合过程中，虽然此领域成立了校企合作协会等组织结构，并且实验和试点逐渐展开，但是其发展中缺乏一种完整的、权威的产教融合准则和指导手册，使其发展实践难以得到有效的指导。所以在此环境中仅仅凭借企业、行业和高职院校的单方面力量很难在社会主义市场经济发展和产业升级等背景下实现产教融合，其开展的有效性也难以得到保障。政策、法律环境的缺失也导致产教融合的发展制度难以建立，同时国家和地方的相关组织机构人员对产教融合进行相关部署、规划、推行和评价的力度不够，导致在助推产教融合的过程中，政府的宏观管理与指导作用不明显，对产教融合的规范与助推力度不足，尤其是在产教融合中缺乏相关的协调机构，使其缺乏产业部门以及政府部门的支持，双方的利益无法在政策层面得到有效保障。

文化差异产生的冲突与运行中的系统性缺失等问题导致产教融合发展的动力不足。在高职教育的发展过程中，由于受到传统教育与企业关系的影响以及职业教育观念的缺乏，高职教育与合作企业在决策、管理、执行等层面的文化差异十分显著。二者之间的文化差异是开展产教融合需要解决的重要矛盾之一。其中，学校社会服务、教书育人、文化传承与创新的职能发挥，高端技能型人才培养的首要任务与企业中最小的成本获取与利润获得之间具有较大的差异性，这是需要进一步调整和整合的。

另外，在产教融合的具体运行过程中也存在着相关的发展障碍。首先，由于缺乏对产教融合的整体推进而并未系统地统筹运作和通盘考虑的问题仍然存在，办学诸要素与企业的运行之间的有机结合难以实现。其次，从产教融合的微观运行制度来看，其仍然存在着待完善和不成熟之处，其中表现较为突出的是在运行中与学校中的现行制度发生碰撞时而出现的问题。最后，从产教融合的层次来看，现有的产教融合仍然停留在较浅的层次，深度仍然不够，在技术开发方面仍然较为欠缺，这在学校与企业的主动性方面就可以明显地表现出来。现今的合作更多地表现出了学校为了求生存而主动寻求企业的帮助，而反方向的作用力较小，并未建立起真正可持续发展的产教融合的良性循环机制，这使得高职教育的资源转化为助推经济增长的动力目标仍然不能实现。在运行形式方面，"校外实践教学基地""校内工业中心"等是产教融合的主要形式，其他创新形式的开发较为有限，难以满足产教融合的发展趋势。

四、社会主义市场经济背景下产教融合模式的整体性构建

产教融合是高职教育育人过程的本质体现，也是高职教育改革与发展的关键和根本，它涉及指导思想、配套政策、文化融合、课程建设、师资提升等多个领域，需要建立一套较为完善与规范的体系来实现。树立产教融合的人才培养模式指导思想，需要政府建立配套性政策、法律体系。产教融合的人才培养模式是在遵循职业教育发展规律以及"以服务为宗旨，以就业为导向"的职业教育方针基础上的一种创新，这种人才培养模式改变了以学校、课堂为中心的传统模式，通过动手能力以及实践性的增强来帮助学生完成学业、促进就业，从而实现高职教育人才培养模式的根本转变。

在法律和法规方面，政府应该制定和完善产教融合、校企合作的法律和法规，为其发展提出保障。其中，在《中华人民共和国职业教育法》（以下简称《职业教育法》）中缺乏对校企合作等领域的详细规定，现有规定过于原则化和模糊化。所以，以此法为例应该在其中规定企业、行业、职业院校等各个主体的权利与义务，除了规定不履行相关义务所需要承担的法律责任之外，还要制定相关的税收减免等鼓励性政策，提高企业参与产教融合的积极性。

产教融合模式是一种职业教育观念的体现，在此过程中，学校应该树立"面向社会、着眼未来、服务经济"的办学宗旨，在人才培养中加强与企业的沟通，将市场的短周期性与人才培养的长远性有机地统一起来；企业也应该明确地认识到对高职教育的支持与配合是自身的责任与义务，同时应该认识到实习学生的潜在价值，从而使二者在科学认识的基础上推进产教融合的深化。高职教育产教融合模式的改革一定是与社会主义市场经济发展和产业转型升级密切相关的，需要企业、行业的配合与支持，这也是全面提高高职院校教育教学水平以及社会服务

25

能力的重要内容。同时，政府应该不断加大对产教融合、校企合作的支持力度，通过政策与法律的配套来支持其向前发展。现今政府虽然在管理机制、资金投入等方面制定了一系列卓有成效的指导政策，但是这方面的力度仍需要进一步加强，其中在政策的导向作用方面也应该进一步深化。高职院校在具体的人才培养过程中应该开设关于产业与优秀企业文化的基础课，通过这样的文化渗透来更好地实现学生对企业文化的认同。

另外，关于课程教学的开展以及学科发展的规划，必须充分融入产业文化，尤其是在具体的产教融合过程中，需要引导学生以员工的身份来理解并认同企业的规范制度，这样能够使他们更加真切地感受到企业版的工业文化。为了实现这一目标，学校可以结合各专业的特点，在产教融合的实践环节中，安排学生与职工共同参与社团活动和文体活动等，以此促进双方文化的有机结合。

在校企合作的基地建设过程中，我们也需要特别关注精神文化的建设。我们需要将产业文化育人的理念贯穿于整个育人环节，逐步培养师生的文化自觉性。这样不仅能够提升学生的职业素养，也有助于为企业培养出更符合其需求的高素质人才。

另外，政府也应该通过对区域经济、教育、文化等领域的调查来因地制宜地出台产教融合的具体实施措施与意见，从而进一步助推产教融合的高速和高质量发展。在产教融合过程中，应该牢牢把握文化的价值观主线，通过学校文化与企业优秀文化因子的融合来助推产教融合中文化的生成。高职院校可以通过产业企业文化进校园、教材、课堂来构建合作文化载体，提升师生的产业文化素养。

产教融合的事务机构在其发展过程中也是十分重要的，因为企业、学校以及行业之间往往缺乏有效的协调与沟通机制，这导致学校教育标准和企业的人才定位不对接，出现学校关门办学等问题。因此，应该切实建立产教融合的事务机构，在此过程中要十分重视行业作为重要元素的加入。通过制度设计与机制建设来建立权威性的事务机构，可以与行业机构共同统筹规划产教融合中的具体合作事宜，从而实现政府主导与行业引导的主体框架机制的健康运行，进一步提高企业在产教融合中的主体作用。此机构的建立也有利于企业树立高层次的企业价值观，在与高职院校的合作中完成人才培养的任务，并且能够解决在此过程中产生的问题与纠纷。校企双方应共同开发与实施优质骨干课程和教师一体化培养，构建保护机制与评价体系。作为学科发展重要基础的课程建设是高职教育人才培养的核心环节，产教融合过程中的课程开发要充分发挥高职院校和企业的共同作用来实现实践性课程的有效实施。围绕实际，通过岗位职业活动中的各种项目、工作任务等来设置实训实习项目，按照职业能力培养以及职业岗位要求整合课程内容，实现技术基础知识、素质培养、工作时间、专业能力训练以及职业培训有机统一的系统化课程体系，实现"教、学、做"的有机统一。

作为人才培养方案的执行者与实施者，专业教师的素质直接影响到产教融合的有效实施。在师资建设方面，要通过一体化教师培养来改变高职院校教师的初始学术性倾向，提高教师的实践能力与职业技能培养的能力。高职院校应在课程的开发过程中适应本区域的经济发展需要，在课程标准的制定中充分吸收企业一线的优秀管理人员的建议，建立突出职业岗位核心能力、融入职业资格考试以及职业素养的课程标准。在课程的功能方面要将传统单纯强调技能与知识的思路转向同时注重学生情感态度、价值观以及学习的过程与方法的思路。

具体来说，可以通过教师企业实习、教师专业培训等形式来提高教师的技能，并使其逐渐了解现今企业的技术发展。另外，"双向挂职"机制在教师的专业素质发展中也至关重要，要逐步建立并完善高职院校教师定期到企业挂职顶岗的制度。同时，企业的专业人员也应该来校任教，指导学生的实习和实训。在产教融合的过程中，高职院校也应该根据经济社会的发展、企业的用人需求等建立健全与产教融合相适应的保护机制与评价体系。这种保护机制与评价体系应该紧密结合学校与行业、企业由校内到校外延伸的全过程、全方位的教学监督与反馈机制。在此过程中应该牢牢把握国家的职业标准和具体的专项工作任务，实现学校、企业与行业之间的统筹，使学校培养的人才与行业、企业需求相对接，以行业与企业的满意度为指标，从而建立科学有效的产教融合评价体系。

第二章　我国高职院校产教融合的发展

第一节　我国高职院校产教融合发展现状

职业教育与产业之间的联系是相伴而生的，它们之间的关系不仅是产业细化的需要，也是产业细化逐渐专业化发展的必然结果。产业细化在很大程度上促成了职业教育作为独立教育类型的出现，也提高了职业教育的效率，但是专业化分工也在一定程度上造成教育与产业之间天然联系的断裂，职业教育逐渐游离出产业环境，并且有渐行渐远的趋势。为拉近两者的距离，必然需要社会力量的助推，尤其是政府与相关部门的政策支持，将成为必不可少的主导助推力。然而，目前已有政策对提升职业教育中产教融合的效果并不明显。无论是中观的校企合作还是微观的工学结合，都没有达到预想的效果。因此，研究已有政策的历史变迁、分析政策产生的脉络及其存在的问题，对于完善产教融合的政策支持系统具有十分重要的意义。

"产"就是对"产业"的简称，从传统意义来说，产业主要是指经济社会物质生产部门。随着产业细化和生产力的不断发展，产业的内涵不断充实，外延也不断扩展。产业是指由利益相互联系、具有不同分工的各个相关行业组成的业态总称，泛指一切生产物质产品和提供劳务活动的集合性组织。"教"即"教育"，在此特指职业教育，是指人类产业细化发展到一定程度后，为满足社会再生产发展、产业对人才素质提出的专业化要求而产生的独立部门，其目的主要在于为社会各行各业培养所需要的人才。"融合"指的是两种或多种不同事物合成一体，是指相关事物之间主要发生质的变化，并成为一种新事物，这种新事物在形式、内容方面可能不同于原有事物。"产教融合"是指职业教育与物质生产、社会服务等行业共同开展生产、服务和教育活动，并且形成不同于单纯的教育与产业的另一种组织结构，此组织结构的核心是从事教育、物质生产或社会服务工作，并为产业部门提供合格、成熟的人才。它不同于校企合作中用人单位和高职院校权、责、利的分配，而是必须形成一个具有不同于学校或企业功能的新组织，这个新组织承担起使学校毕业生顺利走上工作岗位且能胜任工作的重任，是学校和产业之间有效衔接的桥梁。因此，制定适合此组织发展的支持政策，对于产教融合组织的形成和发展具有十分重要的意义。

一、关于产教融合的相关法律和法规

职业教育属于社会公益事业，政府是最大的受益者，产业则是社会主义市场经济的主要组成部分。在经济发展中，市场既是助推者，也是受益者。为此，职业教育政策变迁受政府和市场双重规制的影响，形成了两种主要的范式，即国家本位的政策范式与市场本位的政策范式。从新制度经济学的视角来看，规则的更新是创新主体基于一定目标而进行的制度重新安排和制度结构的重新调整，是一种社会效益更高的制度对低效制度的替代。更新规则的目的在于提高制度的效益，为制度助推者带来利益的最大化。所以产教融合相关政策的变迁也是为了实现产业和职业教育两者利益的最大化。

（一）《职业教育法》颁布前与国家本位的政策范式

1978—1996 年，我国职业教育经历了恢复、发展和停滞的不同阶段。从现代职业教育体系的构成来看，这一时期可以归于我国职业教育发展的初期，国家政策以助推中等职业教育的市场化为主。1978 年后，中央领导人和政府相继发布讲话和文件，表明了发展职业教育的观点，且在《关于中等教育结构改革的报告》中明确了中等职业学校发展的途径，即改办普通高中。也正是基于此，职业教育得到恢复和发展。

这一时期，政府给予学校拨款和相关的优惠政策支持职业学校的发展。例如，1983—1985 年中央财政共划拨了 15000 万元的职业教育补助经费；减免校办工厂的税收，吸引企业投资职业教育；同时充分发挥中介组织的力量，使其成为学校和社会力量衔接的桥梁，将招生、就业与市场产业进行很好的衔接。此时政府是职业教育政策的主要制定者和助推者，其目的在于确定职业教育的合法地位，从社会吸取办学资源，并将毕业生投放市场，为国民经济社会发展服务，带有很强的计划培养特点。国家本位、政府主导的政策，曾经一度造就了职业教育中产教融合的可喜成绩：中等职业教育招生人数持续上升，1996 年达到了 188.91 万人；毕业生与用人单位的要求高度吻合，受到了市场的欢迎，甚至出现了提前预订和争抢的局面。但在国家本位的政策导向下，职业教育对政府形成了强烈依赖，在政府政策及相关配套改革工作滞后的情况下，20 世纪 90 年代后期职业教育发展开始出现停滞甚至衰落的状态，招生数量持续下滑，1998 年，我国中等职业学校约 2200 所，除普通中专院校约 1200 人外，其他几类学校只有 500 人左右。职业教育与产业之间的联系也逐渐脆弱，职业教育发展陷入了前所未有的困境。

（二）《职业教育法》颁布后与国家本位的政策范式

鉴于职业教育出现的困境，为改变现状，促进职业教育的发展，相关部门于 1996 年颁布了《职业教育法》，并在第二十三条中明确规定职业教育应当实行产教融合，确立了产教融合的法律地位。为贯彻此法，国家教委等部门联合发布《关于实施〈职业教育法〉加快发展职业教育的若干意见》，对贯彻产教融合进行了工作部署。接下来颁发的相关文件都对产教融合工作有明确体现，如 2002 年的《国务院关于大力推进职业教育改革与发展的决定》提出，企业要和职业学校加强合作，也要依靠企业举办职业教育；2004 年的《教育部关于以就业为导向深化高等职业教育改革的若干意见》提出了产学研结合的高职教育发展道路；2005 年的《国务院关于大力发展职业教育的决定》提出职业教育的人才培养模式为"工学结合、校企合作"；2010 年的《国家中长期教育改革和发展规划纲要（2010—2020 年）》提出要制定校企合作办学法规，推进校企合作制度化；2014 年的《国务院关于加快发展现代职业教育的决定》提出"深化产教融合、校企合作"，第一次在国家层面的文件中出现了"产教融合"的要求，是对产教融合要求的进一步提高。

从产教关系的发展历程可以看出国家对行业、企业参与职业教育的要求，及其在职业教育活动中的角色变化。这不仅为产业部门参与职业教育做出了相关指导，也明确了产业部门在职业教育发展中的地位和作用。这些文件完善了行业企业部门参与职业教育的宏观（产教融合）、中观（校企合作）和微观（工学结合）的要求，且极大地促进了高等职业教育的规模发展，形成了中等和高等职业教育并重的良好势头。但这些文件并不是与《职业教育法》配套的下位法律文件，它们的权威性和稳定性有限，对于产业部门参与职业教育的行为并不具有约束性，且对参与主体的职责分工并不明确，导致职业教育部门与产业部门在处理产教融合的相关事务时缺乏明确的指导，政策执行效果并不明显，国家本位政策失灵现象比较普遍，产教融合缺乏良好的前期基础。

（三）《中华人民共和国高等教育法》与市场本位的政策范式

随着经济体制的改革发展，高校管理制度和模式与制度保障的改革提上了议事日程，1993 年《中国教育改革和发展纲要》颁布，并且明确提出要使高校真正成为面向社会自主办学的法人实体，标志着高等教育政策由国家本位向市场本位的演进。1998 年《中华人民共和国高等教育法》（以下简称《高等教育法》）颁布，标志着市场本位政策的正式确立，高等教育的管理权限从中央向地方转移，高校自主办学权力逐渐扩大，也意味着高等教育体系的内部环境发生了深刻变化，学校与政府、行业、企业的关系也发生了深刻变化：市场治理模式确立，政府的教育职能相应缩小，对高等教育的投入逐渐减少。

2006 年，按照《国务院关于大力发展职业教育的决定》的重要部署，为在全国高等职业院校中树立改革示范和发展示范，引领高等职业教育与经济社会发展紧密结合，提高高等职业教育的办学效益，助推高等职业教育健康发展，国务院决定实施国家示范性高等职业院校建设计划，旨在整合资源、深化改革、创新机制的基础上，按照地方为主、中央引导、突出重点、协调发展的原则，同时兼顾地区、产业、办学类型等因素，选择学校定位准确、办学条件好、社会声誉高、产学结合紧密、改革成绩突出、制度环境好、辐射能力强的 100 所高等职业院校优先进行重点支持，并完善相关政策，促进工学结合的重点学科发展，通过以点带面，引领全国高等职业院校凝聚教学改革的共识。一批高等职业院校在创新人才培养模式、专兼结合课程小组建设、服务社会、服务地方、服务企业和办学特色等方面取得明显成效，加快了高职教育的改革步伐，提高了高等职业院校的办学实力、管理水平和办学效益；一批重点专业脱颖而出，建成了对接各地重点产业的专业人才培养方案，有效带动了省级示范、行业示范等一大批高等职业院校。一批专业特点突出的优秀高等职业院校脱颖而出，它们聚焦国家和区域发展战略，围绕实体经济建设，在助推战略性新兴产业、先进制造业健康发展，加快传统产业转型升级等方面，提供了重要的技术技能人才支撑，发挥了不可替代的作用，引领高等职业教育走出了一条不同于普通大学的类型之路，高等职业院校显示出空前的活力和勃勃生机。

2015 年，教育部发布《高等职业教育创新发展行动计划（2015—2018 年）》，启动优质高等职业院校建设。这是高职战线深入总结"十四五"发展经验，面向"十四五"布局改革任务，引导和助推高等职业院校制定和执行好"十四五"规划的重要行动指南。《中华人民共和国国民经济和社会发展第十四个五年规划和2035年远景目标纲要》把"推进职业教育产教融合"作为推进教育现代化的重要任务，要求推行产教融合、校企合作的人才培养模式，助推专业设置、课程内容、教学方式与实践知识的传授对接。只有发展与技术进步和生产方式变革以及社会公共服务相适应、产教深度融合的现代职业教育，才能为社会输送适合产业发展的高素质人力资源，才能为国家和社会源源不断地创造人才红利。优质院校建设将办学定位准确、专业特色鲜明、社会服务能力强、综合办学水平领先、与地方经济社会发展需要契合度高、行业优势突出作为前提要求，并将深化教育教学改革、提升技术创新服务能力、培养杰出技术技能人才、增强专业教师和毕业生在行业企业的影响力、提升学校对产业发展的贡献度、争创国际先进水平作为主要建设任务，体现了优质院校建设对学科发展提出的新要求。

面对日益成熟的社会主义市场经济体制，原来采用行政指令推进工作需要转向更多发挥政府的引导作用。采用专项资金引导高职教育改革发展是市场配置资源过程中政府引导作用的重要体现，也是社会主义市场经济体制下政府调控的重要手段。高等职业教育的发展前景十分广阔，而改革探索的任务也是十分艰巨的。建议进一步强化中央财政的专项引导作用，落实关于加快建设一批高水平职业院校和骨干专业的重要批示，这必将更加有利于产教融合的现代职业教育发展，为国家源源不断地输送人才。

随着《高等教育法》的实施，高等教育体系中引入了市场治理结构，所有学校都需要在市场中获取办学资源，尤其在其他高等学校实力不断提升的情况下，职业教育生存和发展的空间受到了来自教育体系内部的挤压而逐渐缩小。另外，职业教育自身办学力量薄弱，社会地位不高，职业教育体系中缺乏上下贯通的发展道路，社会认可度进一步降低，在市场竞争中总是处于劣势地位，无法获得政府和产业部门有效的政策支持，产教之间缺乏有效衔接的桥梁，产教融合也由此陷入困境。

国家本位的政策范式曾一度促进了职业教育的恢复和发展，并助推了产教融合的发展。随着市场本位政策范式的确立，高等教育走向市场，职业教育受到了来自教育体系内外的挤压，产业部门对职业教育的认可度逐渐降低，产教间因缺乏有效衔接而使两者的结合陷入困境。在构建现代职业教育体系的历史需求下，产教融合的相关政策问题再次凸显，成为政府、学术界、教育界和产业界共同关注的重要问题。高职院校为企业培养满足其需求的专业人才，同时，企业用较低成本获得了较为充足的人力资源，实现了企业成本的节约。学生岗位实操可以降低企业的生产成本，提高企业的社会竞争力。

产教融合有利于高职院校动态设置和调整专业。高职院校根据区域内行业、企业的发展趋势和人才需求状况调整专业设置和人才培养目标、明确人才培养标准，有利于探索人才培养模式，改革人才培养的手段和方法，打造适应产教融合的专业课程体系，全面提高人才培养的水平和未来人才的素质。高职院校邀请企业一线专家参与课程开发，模拟企业真实的工作环境，用来自企业的真实工作任务培养学生，按照企业的管理要求考核学生，有助于增强学生的社会适应性，使培养的人才更符合行业、企业的需求。

在产教融合中，学生在教师的带领和指导下把掌握的理论知识运用到实际工作中，既加深了对理论知识的理解，又增强了实践动手能力，在毕业之前就能够真正地掌握工作中的操作技能，有利于学生技术水平的提高和就业能力的拓展，使人才培养更具岗位针对性。

产教融合有利于"双师型"教师的培养。高职院校的专业结构与产业结构有着密切的关系，经济产业结构的调整和升级会影响劳动力资源的需求，劳动力资源的变化则会进一步影响高职院校专业结构的变化。专业是高职院校连接社会、服务社会的基本单位，科学地规划和优化专业布局是高职院校发展的基础，也是高职院校产教融合的基础。高职院校要想实现产教融合，在专业设置上就必须以产业结构为蓝本，准确把握专业的规模、结构与区域经济发展路径的匹配程度，提高专业设置的针对性和科学性；与产业需求相对接，以产业需求状况分析报告、就业率、订单人数和新生报到率为主要依据，控制专业数量，优化专业结构；根据区域内产业的发展状况和趋势合理定位专业范围和服务行业，从市场的多元需要出发找到自己的发展定位和生存空间，避免与区域内其他院校重合，实现专业的错位发展；设置有市场需求和发展前景的专业，及时调整没有市场需求、过时的专业；充分实现课程内容与职业标准相对接，提升教学内容的针对性。

在产教融合中，教师不仅要负责知识层面的传道授业解惑，还要了解企业文化，学习新知识、了解新工艺、掌握新技术。高职院校与区域内的行业、企业合作，可以使专业教师深入企业，了解最新的设备、技术和工艺，参与企业技术产品的研发和技术成果的转化，提高教师的实践动手能力。在教学过程中，教师可以将在企业掌握的新知识加入教学内容，提高教学的针对性和实效性。职业教育的目标是服务经济社会发展和人的全面发展，通过助推专业设置与产业需求、课程内容与职业标准、教学过程与生产过程的有效对接，实现校企协同育人，提升学生的实践技能、岗位适应能力和就业竞争力。高职院校应充分实现专业设置与产业需求相对接，提升人才培养的有效性。职业标准是在职业分类的基础上，根据职业（工种）的活动内容对从业人员工作能力的规范性要求，是从业人员从事职业活动、接受职业教育培训和职业技能鉴定以及用人单位录用、使用人员的基本依据。职业标准也是高职院校确定课程目标、选择课程内容的基本依据。教学过程与生产过程相对接就是打破理论与实践分离的课程模式，由高职院校与企业共同开发模块化课程体系，贯彻以"行动导向"为教学方法的"项目化"教学，在职业实践情境中展开教学过程，学做合一，依据企业的真实生产过程构建教学情境、设计教学过程，让学生在典型产品的生产过程中学习相关理论知识，建立工作任务与知识、技能、态度的联系，增强学生的直观感觉，激发学生的学习兴趣，使学生具备从事生产和适应社会发展的能力。

高职院校要实现课程内容与职业标准相对接，就必须在分析完成工作任务所需要的职业标准和素质要求的基础上，有目的地选择课程内容，使课程内容具有针对性和实用性，为学生的发展奠定坚实的基础。课程内容的设置要遵循技能形成规律和学生认知规律，从简单到复杂、从具体到抽象、从单项能力培养到综合能力培养，将工作岗位所需要的职业标准和素质能力融入相应的课程，避免把职业标准简单地理解为对动手能力和操作技能的要求，要重视职业情境中学生综合职业能力的培养，使学生在复杂的工作过程中能及时做出判断并采取行动。高职院校应充分实现教学过程与生产过程相对接，提升就业岗位的适应性。在高职院校加强内涵建设、提升核心竞争力的过程中，产教融合日益体现出重要性，产教融合的程度已经成为考量高职院校办学水平和内涵发展最为核心的要素。因此，加强对产教融合理念的认知，完善管理制度和模式机制，与创业中心、产业园、工业园等园区合作，建立多元化的产教融合模式，使生产和教育真正地融合，是高职院校当前亟待解决的问题。实现教学过程与生产过程相对接的关键是项目设计要符合学生的实际能力水平和教学需要，确保学生能够学习课程标准中所规定的知识和技能；要尽可能真实地模拟企业的生产环境、工艺流程、管理模式、企业文化等生产特点，体现现场生产过程、氛围与组织形态特点。一是制定政策和法规，为产教融合提供保障，从宏观上构建高等职业教育的制度、体系和政策，切实保护产教融合双方的合法权益，为产教融合的各个方面提供法律上的支持；建立健全合作组织内部的规章制度，对组织内部进行规范和调控；出台相关的鼓励措施和税收政策，鼓励企业积极参与产教融合。二是成立行业职业教育联盟，搭建合作平台，使深入推进产教融合成为自觉行动。根据地方产业优化升级的目标、任务和阶段性要求，为产教融合双方搭建信息沟通、技术支持的平台，紧密行业、高职院校、企业关系，共同开展教学、科研、生产、职业资格鉴定和职业培训，实现人才、项目、技术等方面的资源共享。三是设立专项资金支持产教融合。可以设立专项资金用于产教融合相关课题的研究，或将资金投入关键技术、共性技术以及前瞻性技术的研发和创新，这样一方面可以减小企业技术创新的风险、增强企业参与创新的动机，另一方面能缓解产教融合中的资金缺乏问题。

高职院校要创新和完善政府引导、校企互动、行业协调的产教融合的动力机制、调控机制、保障机制、激励机制和评价体系，建立教学生产共时、技术资源共享、课程体系共构、专业队伍共建、校企利益共赢的一体化目标，吸引企业主动参与学校办学方向、学科发展等重大问题的决策，加强产教融合的规范管理，形成以学生满意度、企业满意度、学校满意度、社会满意度为标准的评价体系。产教融合是一种关系的、利益的合作，要认真处理好公益性与市场性、服务性与效益性、合作性与竞争性的关系。高职院校应建立多元化的产教融合模式，实现人才培养集约化、集团式。一是高职院校以专业或专业群为主体，对应多类行业、企业开展点对点的合作，这是产教融合的有效途径，对中小企业集聚区域的地方性高职院校尤为重要。二是高职院校的一个专业或专业群与区域内某个行业领域的多家企业合作，形成具有共同目标的合作平台，使学校成为区域行业发展的人才储备库。三是高职院校跨专业群和跨行业，以多个专业群与区域主导产业链上具有国际化战略发展优势的龙头企业合作，吸收产业链上更多企业参与合作，跨专业跨行业培养人才，实现多元化人才一条龙输送。在高等职业教育发展的关键时刻，高职院校应抓住机遇，深化教育教学改革，根据地方经济社会发展的特点和趋势，主动与行业、企业合作，根据市场需求调整专业设置，在学科发展的各个环节实施产教融合，增强学校的社会适应性，培养出真正符合社会经济发展需要的高素质技术技能人才。

高职院校要建立资源共享、优势互补、互利双赢的长久的发展制度，维持合作主体间合理的利益分配和平衡关系，彼此信任、诚心合作，把育人落在实处。高职院校要立足区域经济发展特色，把握地方发展趋势，根据地方经济社会发展的需要，加强与创业中心、产业园、工业园等园区多领域、多层次、多形式的合作，围绕企业重点技术需求提供技术攻关、科技研发、产品开发、信息咨询、人才培训等服务。学校教师和企业技术人员可共同组成课程小组，进行产品可教学化探索，把科技项目引入教学过程，实施项目化教学，形成专业骨干课程体系，以教育服务为理念，以人才培养模式改革为载体，在助推地方经济转型升级的过程中实现社会服务与人才培养的同步转型，在驱动地方经济社会发展的同时提高自身的创新力、发展力和竞争力。

二、产教融合下的国家骨干高职院校发展

2010 年，在对国家示范高职院校建设项目成果充分认可的基础上，教育部、财政部对继续延长该项目计划的实施做出具体安排，确定新增 100 所骨干高职院校，继续发挥财政专项对高职教育改革发展的引导作用，推进地方政府完善政策、加大投入，创新办学体制机制，推进合作办学、合作育人、合作就业、合作发展，增强办学活力；将校企合作体制机制建设作为突破工学结合教学改革瓶颈的重要举措，形成人才共育、过程共管、成果共享、责任共担的紧密型合作办学体制机制，促进校企深度合作，增强办学活力，形成新的引领机制。

骨干院校项目建设文件规定央财资金可以部分用于办学体制机制创新，成为政府引导骨干院校建设项目推进产教融合、校企合作的重要信号。一批国家骨干建设项目院校领导认为，骨干建设项目使学校办学业绩得到明显提升，更重要的是在校企合作体制机制上取得了成功突破，为工学结合的人才培养模式改革提供了保障。

《2018 中国高等职业教育质量年度报告》是由全国高职高专校长联席会议委托，上海市教育科学研究院和麦可思研究院共同编制的高职教育质量年报，已经连续发布几年。几年来，报告始终坚持需求导向、坚持第三方视角、坚持创新发展，逐步形成由学生成长成才、学校办学实力、政策发展环境、国际影响力和服务贡献力构成的"五维质量观"，探索建立了不同维度质量评价的指标体系，持续引导高等职业教育强化内涵、提升质量，成为社会了解高等职业教育的重要窗口。

面对新一轮科技革命与产业变革的新形势，面向实施"中国制造 2025"的战略目标，高等职业教育基于综合改革与本土实践的高质量发展理念和体系正在形成。报告显示，学生自信、上进等良好素养逐步形成，实践教学、社团活动的育人功能日益显现。毕业生就业率、月收入、专业相关度、母校满意度、自主创业比例、毕业三年职位晋升比例等指标稳中有升。毕业生就业质量进一步提高，职业发展上升空间扩大，为阻断贫困代际传递做出贡献。云计算、物联网、大数据、智能制造等相关专业高速和高质量发展，支撑新兴产业能力增强。高职院校在深化产教融合过程中注重将产业先进技术等元素融入教学过程，企业的育人作用不断体现专业教育与思想政治教育同向同行，呈现全方位育人的良好态势。信息化课堂教学渐入常态化，优质教学资源跨区域跨行业共建共享机制开始形成。

高职教育服务脱贫攻坚呈现新态势，形成"专业支撑＋产业扶贫""组团式扶贫"等特色模式。校村合作、校镇合作成为城乡融合新模式，成为乡村振兴人才培养的新特点，一批中西部地区院校正在成为当地发展的新地标。优质院校得到地方政府和行业领军企业的认可与支持，为"中国制造"注入新动力。高职院校服务"一带一路"呈现区域特点，开放办学持续深化，境外办学更加多样化。专业教学标准和课程标准逐步得到国（境）外认可，来华留学与培训量增长明显但仍处于起步阶段，亟待高职院校加强专业标准建设，更需要各级政府的政策引导和资源支持。

报告强调，政府责任是高职院校发展的重要方面。产教融合等政策密集出台，优质院校建设成效显现，创新发展行动计划进一步落实。高职教育生均公共教育费用继续增长，质量年报三级发布制度进入常态化，社会影响力增强。高职院校不平衡不充分发展问题亟待解决，高水平建设更需要强化中央财政的专项引导。报告首次发布的高职院校教学资源50强显示：东部地区高职院校资源水平整体较高；中西部地区院校的生均教学科研、教学设施等资源水平较低，需要加大投入，加强建设；示范骨干高职院校教学资源水平优势明显，体现出财政专项投入对于高职教育发展的重要作用；教学资源存在明显的区域和院校不平衡性，亟待政府和院校予以重视。

第二节　我国高职院校产教融合存在的问题

目前，中国的工业化、信息化、城镇化、农业现代化同步发展。产业结构在调整，生产方式在变革，经济社会在转型，这些重大的变革带来的必然是社会职业岗位的重大变化，行业、企业对技能型、应用型、创新型、复合型人才的需求明显加大。

然而，当下高职院校人才培养与社会需要的预期还有一定差距。一方面，企业和各类机构迫切需要的是能够开拓事业、承担责任的各类人才，但现实状况却不尽如人意；另一方面，每年数百万的高职院校毕业生急于找到工作，却很难找到愿意给他们提供就业岗位的单位。与就业难相对应的是，用人单位高薪也难以聘用到合适的人才。因此，如果地方高职院校在人才培养路径上不做出改变，那么不仅会影响国家高等教育结构的均衡发展，而且会严重制约区域经济社会的发展。

中国高等教育大众化后，更多的青年学子圆了大学梦，但随之也带来了一系列问题，特别是对高职院校改革人才培养模式、保障教育教学质量提出了更高的要求。历史和实践告诉我们，高等教育必须适应经济社会的发展，牛津大学和剑桥大学都曾有过前车之鉴。当18世纪60年代英国产业革命兴盛之时，产业革命中的技术并不是直接源于英国的高等教育，英国的高等教育与产业革命是一种疏散的关系，高等教育对产业革命没有发挥出应有的作用，牛津和剑桥两所大学对于正在发生的产业革命采取"事不关己"的态度，自我封闭严重，宗教限制严格，学术风气退步，教学水平下降，考试制度僵化，与时代需求严重脱节。结果，两所学校都陷入了长达近一个世纪的衰退。反而是伦敦大学和一系列城市学院在产业革命中兴起，带来了大规模的新大学推广运动，革新教学方式，承担了许多市场运行中的技术科学实验和研发工作，从而迎来了英国高等教育的全新发展，也实现了高等职业教育和产业发展技术的有效对接。

校企合作和产教融合是在职业教育发展过程中应运而生的，相对于西方发达国家，我国的职业教育兴起较晚，校企合作也相对滞后。从现状看，高职院校、从高职升为本科的本科院校以及转型较早的普通本科院校的校企合作做得较好，大多数刚刚转型的普通本科院校在这方面还处于起步阶段。我国应用型高职院校的人才培养模式仍处于较低层次的校企合作阶段，还没有达到产教深度融合的理想状态，主要表现在以下六个方面。

（一）合作不稳定，融合渠道不贯通

由于企业与学校在性质、体制、功能和结构上的不同，在产教融合初期，校企双方很难实现真正意义上的合作。企业的发展方向是利润，需要创造经济效益，因此缺乏与高职院校开展校企合作的动力。大多数校企合作关系的建立与维系主要还是靠人脉关系和信誉。这样建立的合作关系大多是短期的、不规范的、难以持久的、低层次的，未能形成统一协调的、自觉的整体行动，合作的成效参差不齐。要想真正解决这些问题，就要尽快构建由政府主导的校企合作政策与管理机制，以立法的形式制定有关职业教育校企合作的法规或条例，明确政府、行业企业、高职院校在校企合作中的职责和义务。完善的制度内容是职业教育产教融合发展的根本保障，也是职业教育人才培养工作顺利开展的基础。要想改变我国职业教育发展现状，加快落实产教融合政策，需要各级政府出台与之配套的规章制度。虽然地方政府出台了一些助推校企合作的地方性文件，但政府的提倡只停留在政策层面，缺乏刚性约束机制。在鼓励措施方面，与传统意义上职业院校单一的教育模式不同，助推职业教育产教融合需要不同行业企业的积极参与，协助职业院校开展教育活动。但是，由于目前政府出台的政策在内容设计上较为宏观，缺乏强制性，在产教融合深入发展阶段无法规范企业的参与行为，部分企业在校企合作教育开展过程中仅仅关注自身的经济利益，不愿主动融入职业院校的人才培养过程；校企之间缺乏更深层次的交流，难以体现产教融合发展的现实意义。在各种制约因素的影响下，当前职业教育产教融合制度建设依然存在诸多不足，尤其在鼓励措施、管理机制、法律和法规建设等方面，难以为产教融合的顺利开展提供保障。尽管自2014年起，国家针对教育发展现状，在产教融合政策制度建设方面投入了大量精力，也在《国务院关于加快发展现代职业教育的决定》中明确强调了在职业教育发展中落实产教融合的重要性，充分肯定了产教融合的价值，但在产教融合发展的相关法律和法规建设上较为滞后，致使部分地方职业院校在与企业合作时，无法通过法律途径维护自身的权益。

在管理制度和模式建设方面，作为一个系统的发展工程，产教融合的深入实施需要职业院校、地方政府及社会企业三大主体的相互协调及配合。政府部门作为协调性机构，应在实际发展过程中发挥自身的组织协调作用，通过建立相关制度，明确职业院校、行业企业等主体在产教融合实施过程中的地位、责任分工，监督校方、企业单位工作的落实。尽管职业教育产教融合政策出台以后，教育部门在《职业教育法》中明确了政府、职业院校及企业的责任，但没有详细规定各组织机构的具体责任内容，致使国内产教融合政策实施时存在缺乏主体或主客体颠倒的情况。此外，与其他经济政策类似，产教融合政策的实施也需要国家法律和法规的保护。传统的学校教育制度偏重于院校自身发展而忽视面向经济建设的发展，在理念和认识上存在诸多误区，各地各院校对产教融合缺乏共识。

有人认为校办产业就是产教融合；有人主张产教融合就是办"校中厂""厂中校"；有人觉得企业的逐利性与学校的公益性之间具有不可调和的矛盾，产业与教育是不可能实现融合的，对高职教育深化产教融合缺乏应有的重视。2016年，国务院教育督导委员会为引导高等职业院校加强内涵建设，促进产教融合、校企合作，将全国高等职业院校评估的主题确定为"高等职业院校适应社会需求能力评估"，将企业参与高等职业院校办学、共同育人和服务经济社会等指标作为评估重点，以推进高等职业院校提高人才培养和服务地方经济社会发展的能力。但从现实状况看，这一评估主题并未引起高等职业院校的重视，很难真正发挥助推价值，并且配套政策与评价体系不足，使得企业方面缺少动力。

目前，国家和地方在职业教育产教融合方面的法律和法规建设上仍显薄弱，相关条款的力度、操作性与约束性也存在不足。在此情况下，产教融合往往容易流于表面，不够深入，企业参与高职教育的驱动力欠缺、有效性不够，存在浮躁、急功近利的现象。高职教育深化产教融合的政策体系、标准体系、统计体系、绩效评价等亟待加快形成，尤其是当前大数据已成为国家重要基础性战略资源，正发挥着引领全局、覆盖全面、贯穿始终的独特作用，引导着人财物等各类资源各尽其用。在此背景下，更加需要加快完善统计、分析与评价体系，及时反映产教融合的效益。《国务院办公厅关于深化产教融合的若干意见》要求积极支持社会第三方机构开展产教融合效能评价，健全统计评价体系，并要求强化监测评价结果运用，作为绩效考核、投入引导、试点开展、表彰激励的重要依据，若能够加快落地，将对深化产教融合突破瓶颈发挥重要的作用。产教供需的双向对接困难重重，市场的优秀力量难以进入职业院校专业教学。产教融合的育人价值在于把产业升级的先进技术、先进工艺等融入教育教学资源与教育教学过程，使专业教学不断对接产业发展、服务产业发展。但是，由于高等职业院校体制内教师的专业能力往往难以适应产业升级和技术高质量发展的要求，加上繁重的专业教学课时压力，专业教师既缺乏对接产业发展的能力，也缺乏吸收产业先进技术元素的时间和动力。行业企业和社会培训机构在面向市场、对接产业升级和技术发展方面具有优势，可以为高等职业院校面向市场、对接产业发展提供优质的课程资源和教学服务。但是，由于市场治理结构还不完善，既缺少体现市场合作和产业分工的专业化教学服务组织，也缺乏引入这些市场优秀力量的动力和机制。

（二）合作模式单一，合作内容不深入

应用型高职院校要想实现人才培养、终身教育、技术创新、社会服务等功能，必须与行业企业紧密结合，与地方社会经济发展实现良性互动，校企合作、产教融合应贯穿人才培养的全过程。校企合作的深度和广度直接关系着人才培养水平的高低和高等职业教育社会功能的实现。然而，现阶段我国地方应用型高职院校正处于转型发展的初期阶段，校企合作主要局限于共建学生实习基地、订单式培养、岗位实操等，转型较快的院校引企入校建立校中厂或引校入企建立厂中校，但总体来看，合作模式比较单一。出现这种局面的原因是多方面的，主要是校企双方对合作内涵和意义认识不到位，没有建立起长久的发展制度和约束机制，企业出于自身的原因对合作缺乏动力和热情，地方高职院校对校企合作准备不足，没有制订科学合理的校企合作方案。

　　作为实施政策的协调组织及监督机构，政府部门在职业教育产教融合政策的实施中具有决定性影响。在经济法律文件中，没有针对校企合作、产教融合出台专门规定，也没有建立学校与企业之间经济利益的分配标准。虽然国家在产教融合的政策建设上做出了大量的努力，并于 2017 年 12 月出台了《国务院办公厅关于深化产教融合的若干意见》，其中对强化企业重要主体作用做出了相关的任务分工，但从分工内容上看，仅仅进行了宏观层面的规划指导，在具体的制度建设上还有很长的路要走。一旦具体制度建设无法跟上产教融合的发展步伐，将很难引导校企双方走规范化合作道路。尽管在国家的号召下，教育部门现已通过文件的形式进一步完善了产教融合发展政策，要求校企加强交流与合作、共同培养更多高素质的技术技能人才，但现有政策文件在内容设置方面多以鼓励、倡导为主，缺乏执行层面的引导性政策，导致校企双方难以在产教融合实施过程中形成默契。实践表明，产教融合深入发展必将涉及不同主体资源的整合，在整合过程中因不同主体而考虑的侧重点不同，在校企合作的责任、权利及利益分配上极易出现分歧，需要国家通过法律和法规给予明确规定，保障校企合作更加有序。然而，至今国内立法机构尚未针对职业教育产教融合建立一套较为完整的法律制度体系，仅国务院相关部门、地方的法律和法规有一些提及。此外，笔者通过实际调查发现，尽管诸多职业院校在多年的产教融合尝试中已经积累了丰富的经验，但仍然没有一套完整的指导性手册，以明确企业参与职业院校人才培养的具体要求，指出企业可享受哪些方面的特权、需承担哪些义务及责任。法律、制度及政策方面建设迟滞，使得不少职业院校在产教融合发展中难以与企业建立长久合作机制。由上述情况可见，当前政府部门在职业教育产业融合发展的政策推广方面存在诸多不足，致使不少职业院校还未全面了解产教融合发展的实质内涵。整体来看，目前政府机构在产教融合推广方面的不足主要体现在以下几个方面。

　　第一，政府机构未能及时根据校企合作的现实状况出台相关管理机制，明确校企双方的分工。

　　第二，政府机构未将职业资格证书与人才培养的关联性体现出来，致使校企双方的合作缺乏规范性。

　　第三，政府机构还未明确自身在校企合作中的地位，未将组织协调作用发挥出来。

　　第四，政府机构尚未根据社会主义市场经济情况，建立社会化评价体系，尚未对参与产教融合的企业资质进行客观评价。

多方面的不足导致校企双方在实际合作中流于形式，难以形成真正的默契，无法合力培养高技能型人才。具体来说，当前高职院校产教融合存在以下几个方面的问题。

第一，缺乏法律保障。在产教融合、校企合作中，对于校方与企业的责任和义务、风险与收益、资质与范围等内容没有明确的法律规定，学校、学生和企业在产教融合中的合法权益得不到保障，产教融合难以顺利开展。

第二，缺乏组织保障。学校和企业之间缺乏沟通的桥梁和协商的平台，没有统一的组织协调部门，导致产教融合难以大规模、高效率、有条理地开展。

第三，缺乏制度保障。一方面，高等职业院校缺乏产教融合的制度保障。部分高等职业院校处于产教融合的探索阶段，在学时分配、教员配置、资金投入、学生考核等方面都缺乏制度规定，导致产教融合难以走规范化道路。另一方面，地方政府、企事业单位和教育行政部门缺乏对产教融合的指导性文件，导致产教融合缺乏理论指导和行为规范。

第四，受到传统教育观念的影响和办学条件的限制。部分高等职业院校还没有形成产教融合的意识，仍然坚持"重理论、轻实践"的教学理念，在课程设置、办学模式、师资力量等方面无法满足产教融合教学的需求，给产教融合教学模式的构建与实施带来困扰。

第五，课程设置不够完善。高等职业院校在专业设置、课程内容、课程结构等方面存在较大缺陷，专业设置存在盲从、跟风、墨守成规等问题，导致学科发展无法满足企业需求，学生就业困难；课程内容存在教材陈旧、技术落后、知识更新缓慢等问题，导致理论知识的传授与企业实践脱轨；课程结构存在课时分配不合理、理论无法联系实践等问题。

第六，办学模式创新不够。高等职业院校在办学模式上一是过分强调整齐划一，缺乏行业特色，无法满足企业具体需求；二是基础设施落后，无法带领学生积极开展教学实践；三是战略定位落后，没有带领学生参与社会实践，走上工作岗位。

第七，师资力量不够。产教融合要求教师不仅具备深厚的专业理论知识，更要具备丰富的职业经验和良好的专业技能。高等职业院校教师能否完成思想观念上、角色位置上和业务能力上的转变，满足产教融合的需求，成为产教融合能否顺利开展的关键。

目前，许多企业还没有意识到产教融合能给企业带来的切实利益，认为校企合作就是将企业作为学校的实训基地，履行培训学生的职责，无法为企业创造价值，对于产教融合在助推企业创新、提高员工素养、提高生产水平和效率等方面的作用持消极态度。

三、在合作对象的选择上存在误区

在社会主义市场经济背景下，行业之间的分工日益明确，企业的生产功能与学校的教育功能逐渐划分出明确的界线。在行业竞争压力日益激烈的今天，不少企业缺乏参与产教融合的发展动力，即便是响应国家政策来参与职业院校产教融合，也多半是浅尝辄止，不愿与校方展开深入合作。作为以营利为发展宗旨的企业，以追求利益最大化为主要目标。校企双方在合作对象选择上都存在认识误区和实践误区。部分地方应用型高职院校在校企合作方面急于求成，片面追求高大上，把目标瞄准域外大型行业企业，追求轰动效应，满足虚荣心理，结果由于自身条件和区位限制，合作效果不佳。从企业行业来看，企业在选择合作对象时，往往患得患失，追求短期利益，缺乏长远战略。由于地方高职院校处于转型发展的初期，能够为企业提供直接利益的能力有限，在短期利益驱动下，企业不愿承担校企共育人才、扶持地方高职院校发展的社会责任，即使合作也更愿意选择那些科技研发能力强、人才培养质量高、能够带来直接经济利益的老牌高职院校。由于校企双方合作理念、合作目的相左，利益相悖，如果缺乏约束机制，校企双方很难走到一起，即使勉强合作，也不会有好的效果。尽管从表面看来，由于人才培养需要耗费大量的人力、物力及财力，不少企业在实际发展过程中并不愿意将人才培养纳入产业价值链，更倾向于借助产教融合与校方展开合作，以此降低自身的人才培养成本。但事实表明，企业与校方开展合作并非"免费"，它们也需要向学校提供大量的资金、设备，为职业院校教学活动的开展提供保障，甚至也会定期到校参与学校举办的实践课程教学，这也将耗费大量的资金。因此，与和校方合作相比，企业更倾向于将设备及资源用于内部人才培养上，这样一方面能体现出自身的人性化管理，提升对优秀人才的吸引力；另一方面能将资金用于购买专业化设备或直接投放到生产一线，为企业带来经济利益。部分发展较为成熟且资金较为雄厚的企业，若非考虑企业社会形象的塑造及企业品牌知名度的提升，并不愿意主动加入职业院校的产教融合发展队伍。与此同时，反观我国多数中小型企业，出于运营资金的压力，在转型升级阶段一般只有在岗位需要人才时才会招聘，平时并不注重人力资源的储备，也没有将更多的精力和财力放在产教融合发展中。此外，职业院校作为以培养技术技能人才为主的组织，与其他普通院校相比，在理论创新方面较为薄弱，也难以给处于转型升级中的企业带来具有潜在的商业价值。学校以培养人才为主要目的，强调"过程比结果重要"；企业则强调"结果比过程重要"，认为能为企业带来经济利益才是关键。这两种相反的思想主导的规章制度，若用于对同一群学生的培养，必然出现冲突，加剧校企双方的矛盾。在诸多因素的制约下，企业参与职业教育产教融合的积极性和动力不足。

虽然大型企业愿意为学生提供顶岗就职的机会，但因现有的技术能力有限，岗位实操结束以后能留岗就职的学生数量较少，所以不少企业参与产教融合的投入资金与收入难成正比，反而给其生产埋下了诸多安全隐患，这致使校企双方在合作过程中难以实现共赢，也导致企业在产教融合发展过程中的积极性不高，不愿意投入过多的精力和资金成本。除以上两点因素以外，校企双方的文化差异也是当前不少企业不愿积极参与产教融合的主要因素。

四、校企合作的经费难以保障

校企合作是一个复杂的系统工程，校企双方联合进行科技研发，共建科研和学生实训平台，都需要投入大量的人力、物力和财力。但现状是，国家和大多数地方政府鼓励和助推校企合作的奖励拨款制度和财政拨付机制还不完善，国家对企业深度参与职业教育的职业教育税费、信贷优惠政策还没落实到位，社会捐助渠道也不畅通。从企业层面来看，按照校企深度融合、共育人才的要求，企业应当全程参与教育，对人才培养投入一定的人力、物力资源，但是目前的校企合作关系多以学校为中心，无法保障企业在合作中获益，导致企业的积极性不高。从高职院校层面来看，部分经济发达地区的高职院校，经费比较充裕，而那些经济欠发达地区的高职院校，经费不充裕，投入有限，校企合作的深度难以保证。作为行业发展的指导性组织机构，行业协会对于行业发展有促进作用，能够根据社会主义市场经济的变化完善岗位职能。当前，我国政府为了保证经济的有序发展，通过发布政策文件强化了自身的管理职能，在很大程度上削弱了行业协会的指导职能，无法为产教融合发展保驾护航。尽管在产教融合实施阶段，教育部门出台了一系列政策性文件配合行业协会开展工作，但取得的效果并不尽如人意。另外，在我国相关法律文件中，行业协会在职业教育发展中的指导地位并未得到保障，没有充分体现其社会价值。之所以产生以上问题，除了国家法律规定缺位以外，也侧面反映了国内行业协会自身发展的不足，尤其体现为对行业岗位标准及课程标准建设的指导作用有限，在助推职业教育产教融合上缺乏相应的法定职能。目前，全国的行业协会大致可分为中央、省级、市级与县级四大层次，为市场行业的有序、协调发展做出了巨大贡献。然而，在科技创新及商业运营模式变革的双重引导下，国内职业岗位发生了翻天覆地的变化，致使国内行业协会难以根据市场发展走势给出更为详细的职业标准，协助企业发展。职业教育产教融合涉及的内容较为丰富，除基本的人才培养以外，还需要协助企业开展技术研发、产品创新等工作。日益丰富的教学内容和人才培养模式虽为职业院校产教融合水平的提升提供了发展路径，但也意味着需要投入更多的启动资金。职业教育产教融合如果仅仅依靠政府有限的经费投入往往难以为继。由于目前尚未建立与之配套的资金投入保障制度，加上科研创新存在诸多偶然性及不确定性，部分企业不愿意将大量经费注入职业院校产教融合实践，开展的诸多科研工作也时常因为经费问题陷入困境。现阶段如何确保职业教育产教融合资金稳定投入，已成为业内人士探讨的核心问题。如果该问题不能得到及时解决，势必导致职业教育产教融合的价值大打折扣。

五、"双师型"师资队伍建设滞后

校企合作需要校企双方共建一支具有双师素质的高水平师资队伍，很多转型发展的地方高职院校已经采取多种措施开展"双师型"师资队伍建设，但就现状来看不容乐观。很多地方高职院校刚从职业院校转为应用型高职院校，原来的师资以理论知识的传授为主，无法适应实验、实践等实践型人力资源的培养工作，更谈不上和行业、企业联合进行科技研发等应用型科学研究，服务地方社会经济发展的能力有限。而企业师资虽然实践动手能力强，但多数理论功底不足，且缺乏从事高职院校教学的基本技能和方法训练。师资队伍的薄弱制约了产教融合的深度和广度，影响了实践型人力资源培养的水平。

六、质量保护机制和评估体系缺位

有的学校即使制定了管理制度和质量标准，在执行过程中也存在这样那样的问题，导致有章不依。例如，毕业实习，很多高职院校学生的实习时间长达一年，但如何对学生实习尤其是分散实习进行有效管理、如何规定高职院校和企业指导教师的职责、如何评价实习效果等问题还没有得到很好的解决。质量保护机制和评估监督体系的缺位和不完善，导致目前部分高职院校的产教融合处于散乱无序的状态。

从目前的情况看，产教融合各环节如专业设置、师资队伍建设、实验室建设、课堂教学、就业前实践、毕业设计都缺乏与实践型人力资源培养相适应的质量标准和规范的管理制度。

第三节 产教融合发展的必要性

我国现代教育体系除基础义务教育外，还分普通教育体系、职业教育体系、继续教育体系三部分。初等职业教育、中等职业教育、高等职业教育构成职业教育体系，高等职业教育分高职专科、应用技术型本科、专业学位研究生三个层次。普通教育体系包含普通高中教育、普通本科教育、学术学位研究生教育三部分。高等职业教育是高等教育的重要组成部分，是高层次职业教育。《教育部关于加强高职高专教育人才培养工作的意见》（以下简称《意见》）中指出，高等职业教育的培养目标是"培养拥护党的基本路线，适应生产、建设、管理、服务需要的，德智体美劳全面发展的高等技术应用型专门人才；学生应在具备必备的基础知识和专门知识的基础上，重点掌握从事本专业领域实际工作的基本能力和基本技能，具有良好的职业道德和敬业精神"。《意见》同时指出，高等职业教育要以培养高等技术应用型专门人才为根本任务，以适应社会需要为目标，以培养技术应用能力为主线设计学生的知识、能力、结构素质和培养方案，毕业生应具有基础理论知识适度、技术应用能力强、知识面较宽、素质高等特点；以应用为主旨和特点构建课程和教学内容体系；实践教学的主要目的是培养技术应用能力，其在教学计划中占较大比例；要有一支"双师型"教师队伍；学校与社会用人部门结合，理论与实践结合是基本途径。《意见》对高职高专培养方案、知识体系、技术技能、师资培养、培养途径等七个方面做了明确要求。

纵观我国高职院校产教融合，校企协同是高等职业院校开展创新创业教育重要的保障机制。高职院校的创新创业教育产生于 20 世纪 80 年代末期，我国已经将高职院校的创新创业教育纳入高等教育体系。就高等职业教育而言，我国高等职业教育在 20 世纪末才得以高速和高质量发展，在 21 世纪初期形成办学规定。与本科教育相比，高职院校的创新创业教育起步晚，理论研究和实践尚未融入人才培养的全过程教育机制。

随着国家创业带动就业的战略推进和构建产教融合的现代职业教育体系的提出，高职院校的创新创业教育又发展到了一个新的转折点。对照产教融合、构建现代职业教育体系的要求，职业院校的创新创业教育主要存在以下几个方面的问题。

一、提高人才培养质量，提升办学水平的需要

技能和职业素质的培养一定要具备以下四个基本条件：第一，有丰富工作经验的教师；第二，有一定的职业环境；第三，有工作岗位这个载体；第四，有一定的经验积累。

在技能培养过程中，学生要在教师手把手的指导下，在工作岗位上接受长期的磨炼，积累经验，才能不断成长。因此，传统的培养方式已经不能适应高等职业教育，只有通过创新培养模式，使高等职业院校和产业深度融合，才能培养出高技能人才。

职业院校的创新创业教育发展至今，已经取得了一定成效。行业、企业本是职业教育最大的受益者，也应是办学主体之一，但对推进高职院校的创新创业教育关注度低，在校企合作中难以提供创新创业教育实践平台，尚未建立创新创业教育培训和实践支撑与服务体系。目前职业院校的创新创业教育主要以学校实施为主，尚未形成政府、行业、企业和高职院校多主体协调推进的机制。政府层面虽然已经出台了一些推进高职院校创新创业教育的政策，但是与社会、行业和企业相关的创业优惠政策难以真正落到实处，缺乏法律保护机制，也缺少创业资金支持。

二、行业企业发展需求

部分高职院校对创新创业教育认识存在偏差，没有将创新创业教育定位为适应经济社会和国家发展战略需要。部分高职院校的创新创业教育依附于就业教育，把创新创业教育作为提高毕业生就业率的一种手段，和创业混为一谈，只是简单地向学生传授创业知识和创业技能，未能形成重视创业实践体验的、完整的创新创业教育课程体系。如果说机器设备等固定资产等因素决定行业企业发展空间的下限，员工质量、员工素质则决定行业企业发展空间的上限。目前我国职业教育已经在推进产教融合中形成了"订单式"培养、工学交替、校中厂、厂中校、"政、校、企"联动等校企合作育人模式，形成了"合作办学、合作育人、合作就业、合作发展"的校企合作人才培养理念。用人单位也节省了一大笔新员工上岗培训费，降低了企业成本。高职院校的创新创业教育作为一种教育体系，必须结合和渗透到现有的高等职业教育体系之中。但是，高职院校的创新创业教育在顶层设计上还没有依托产教融合、工学结合的平台，融入高职人才培养体系，在制订专业教学计划时未能把创业意识培养、创业素质提升作为创新创业教育的主要内容融入专业教育教学过程、渗透到理论和实践教学的课程体系中、落实到各个环节中，形成与工学结合有机融合、校企协同全过程培养人才的创新创业教育机制。

三、社会经济发展由"向人口要红利"向"向人才要红利"转变的需要

改革开放以来，我国社会经济建设取得了伟大成就，在一定程度上，人口红利贡献很大。随着我国实际劳动力人口拐点的到来，原有的发展路径难以为继，必须从"流汗模式"切换到"智慧模式"，构建政府、学校和社会三方新型关系，促进形成政府宏观管理、学校自主办学、社会广泛参与的新格局，支持社会、行业、企业以资本、知识、技术、管理等要素参与举办职业教育，从而建立健全政府主导、社会参与办学、主体多元、办学形式多样、充满蓬勃生机的高职教育办学体制，具备政府、行业、企业和高等职业院校等多方主体协同融合、推进校企全过程培养人才的特点。

因此，加快转方式、调结构、促升级是以后一段时期的"新常态"。创造人才红利，实施创新驱动是社会经济发展的助推器。产教融合是教育制度，同时是经济制度、产业制度的组成部分。

四、学生提升自我价值的需要

高等职业教育的职业性决定了学生能知晓所学专业对应岗位群，知晓通过大学学习能掌握何种技能，学习目标具体而明确。产教融合模式能激发学生的学习积极性，有利于学生知识的构建、技能的掌握，使其更有获得感。另外，学习目标的明确可以更好地激励学生学习，在有效的动力助推下，学生具有更强烈的自我存在感，进而自我价值得到相应提升。

第三章 转型背景下高职院校 产教融合专业群建设

第一节 从学校定位与发展战略出发， 确定专业群结构布局

学校定位与发展战略和专业群结构布局作为高职院校专业群建设决策中的重要议题，相互之间具有严密的逻辑关系，学校有什么样的定位就有什么样的发展战略，有什么样的发展战略就有什么样的专业群结构布局。进行专业群结构布局决策时，不但要考虑外部市场的需求变化，而且要明确学校的定位和发展战略，即把专业群结构布局与结构优化调整作为体现学校定位、实现学校发展战略的具体途径。

一、学校的定位

学校的定位是学校办学目的、地位、质量、作用、实力、水平、效率、效益、竞争力、理念及发展潜力的综合体现。学校定位是一个立体的概念，一个包括诸多要素的系统。高职院校的建设与发展需要形成清晰的定位。解决学校的定位问题，本质上是解决学校的内涵发展问题。高职院校的定位主要包括发展目标、办学类型、办学规模和层次、人才培养规格、师资队伍、办学条件、办学特色等方面，在此基础上确定学校发展的战略目标。

（一）以科学发展观为指导

科学发展观所追求的发展不是片面的发展、不计代价的发展、竭泽而渔式的发展，而是全面、协调、可持续的发展，是又好又快的发展。全面是指学校各个方面都要发展，要注重发展的整体性；协调是指学校各个方面的发展要相互适应，要注重发展的均衡性；可持续是指学校发展进程，尤其是专业发展进程要有持久

性、连续性和稳定性，要注重当前发展和长远发展的结合。以科学发展观为指导，就是在决策中要做到统筹兼顾，即总揽全局、重视基础、兼顾各方、统筹谋划、综合平衡，把立足当前和着眼长远相结合，把全面推进和重点突破相结合。这些都是学校定位决策中应遵循的基本原则和方法。

（二）以学校的基础为起点

一所学校的基础是其发展的前提或起点。高职院校经过长期发展，各自在校园校舍、设施设备、师资队伍、学校管理、校企合作等方面都有不同的基础。以上海市为例，近年来，各校在师资队伍建设、职教集团建设、校企合作等方面取得了重要突破，不仅进一步夯实了高职院校的发展基础，还把高职院校的办学水平推向了一个新的高度。

（三）以学校的潜力为前景

学校的潜力就是指学校在某些方面已有一定的能量积蓄、尚待发掘的潜在能力和力量，如专业发展的潜力、师资力量的潜力、校企合作的潜力、实训场地及设施设备使用的潜力、校园容积率的潜力等。学校在确定自己的定位时，应深入分析潜力，善于从学校的潜力中发现学校的发展前景。理论上，当学校的潜力与学校外部市场需求形成新的匹配时，就可能变成学校发展新的前景。潜力不会自动转换为前景，需要学校管理者及时洞察，捕捉外部市场的需求变化，充分挖掘学校的潜力，适时调整学校的定位。

二、学校的发展战略

学校的发展战略是学校在一定时期内对发展方向、发展速度与质量、发展着力点的构想和安排。学校的发展战略基于学校的定位，在某种程度上，学校的发展战略直接受制于学校的定位，即有什么样的定位就有什么样的发展战略。

学校发展战略的主要特点如下：①是对未来的深入思考；②立足竞争，塑造学校优势；③注重研究环境和适应环境；④具有主体性和创新性。

（一）是对未来的深入思考

在新思想、新观念指导下，学校需要对未来做出科学预见，对学校的历史地位做负责任的思考。

在市场经济的宏观环境下，学校在发展问题上屡屡遭遇挑战。学校的命运和前途就需要由自己把握。办学的个性化因素突出后，学校独立决策的功能就要强化，需要更多思考自己的未来。

（二）立足竞争，塑造学校优势

在市场经济条件下，学校的经费来源渠道拓宽，办学经费不仅来自政府，还来自社会，包括海内外的赞助、对非义务教育阶段学生入学的收费、学校举办社会服务活动的收费等。学校获得的资源是以自己为公众提供的良好的、有特色的服务为前提的。这样，学校通过优势创造令公众满意的绩效，引发公众的慷慨解囊，从而形成更高水平的优势，更好地服务公众，进而吸引新一轮的社会投入，这便会形成良性循环。

（三）注重研究环境和适应环境

社会环境是学校活动的空间，是生存和发展的基础。现代学校是一个开放系统，它要不断从外界吸收资金、信息、人才等资源，同时向社会输送合乎需要的毕业生、服务和新的观念、知识、技术。发展战略的任务是预见环境变化，未雨绸缪，及早提出应对措施。

（四）具有主体性和创新性

首先，一个学校的发展战略不是对其他学校的简单模仿，而是在分析本校实际情况之下对环境的一种主动适应，它不放弃对校内外部环境的独立分析与判断，并以本校条件为基础，与环境磨合，从而形成适宜本校未来发展的立场。制定学校发展战略必须考虑自身的条件。其次，学校发展战略不屈服于环境的压力，以进取的姿态，力求使学校在发展中居于主动地位。

三、学校的专业群结构布局

专业是指高职院校根据工作岗位的素质、技术要求而划分的学业门类，也指学校根据社会专业分工的需要设立的学业类别。所谓学校的专业群结构布局，就是学校开设多个专业群，并对这些专业群进行空间上的安排，以及根据区域经济的发展和行业企业人才的需求变化，不断对已经形成的专业群结构布局进行优化调整。

经过长期努力，我国的高职院校专业建设已经积累了比较成熟的经验，但对专业群建设比较陌生，如何进行专业群结构布局成为尚待研究的新课题。

与专业结构布局相比，专业群结构布局要求学校决策者有更宽的视野、更大的资源整合魄力、更高效的管理措施、更具深度的校企合作。专业群结构布局决策如果失误，对学校造成的损失将是一般意义上的专业结构布局失误的数倍。因为专业结构布局失误造成的损失往往是学校某一发展点上的损失，而专业群结构布局决策失误造成的损失是学校发展中某一片的损失。因此，进行学校专业群结构布局决策时必须建立在充分论证的基础上，不能采用"拍脑袋"的简单方式。

（一）要有更宽的视野

学校决策者在进行专业群结构布局决策时要尽可能扩大自己的视野，注意全面掌握相关信息，进行多角度分析。分析中既要看到学校的发展现实基础，又要看到学校的发展潜力；既要看到学校专业建设的成功之处，又要看到专业建设的问题所在；既要看到外部环境的有利方面，又要看到外部环境的不利因素；既要看到相关行业企业的发展前景，又要看到相关行业企业发展的风险。学校决策者要以产业群和职业岗位群分析为依据，确立专业群结构布局及群内专业架构。

（二）要有更大的资源整合魄力

专业群结构布局必须建立在学校现有资源整合的基础之上，包括相似相关专业的整合、课程教材的整合、教学组织的整合、教学空间环境的整合、教师资源的整合、教学资源的整合、校企合作的整合等。没有经历这些资源整合过程，或者没有建立在这些资源整合的基础之上，专业群建设就会流于形式，结果是有其名无其实。

（三）要有更高效的管理措施

从教学管理的角度看，专业群建设是对传统专业建设管理的一种超越，是对学校传统教学管理的一种挑战。原来的专业建设管理主要由专业部（组）负责，学校教学管理部门负责指导与协调。转入专业群建设以后，专业建设管理更多统筹到专业群层面，管理的层次更高、范围明显扩大，学校教学管理部门负责指导与协调的着力点更集中、责任也更大。这就要求学校对原有的教学管理制度进行梳理和调整，进一步强化管理制度的执行力，实现教学管理的高效率。

（四）要有更具深度的校企合作

建立在单一性专业基础上的校企合作，是一个专业与若干企业之间的合作，点比较分散，层次较低；建立在专业群基础上的校企合作，是一个专业群对应一个产业群及若干产业集团，由于双方手中集聚了更多的资源，也更容易吸引对方，合作的兴趣更大，合作的广度和深度更容易拓展，双赢的结果更容易实现。当然，这些有利因素需要学校去挖掘与利用。

第二节　服从服务区域经济转型，
发展制订专业群建设规划

经济转型不是社会主义社会特有的现象，任何一个国家在实现现代化的过程中都会面临经济转型的问题。即使是市场经济体制完善、经济非常发达的西方国家，其经济体制和经济结构也并非尽善尽美，现存经济制度也在向更合理、更完善的方向转型，存在从某种经济结构向另一种经济结构过渡的过程。

一、区域经济的转型发展

经济转型或经济转轨是指一种经济运行状态转向另一种经济运行状态，是一种资源配置和经济发展方式的转变，包括发展模式、发展要素、发展路径等的转变，是一个国家或地区的经济结构和经济制度在一定时期内发生的根本变化。经济转型是经济体制的更新，是经济增长方式的转变，是经济结构的提升，是支柱产业的替换，是国民经济体制和结构发生的一个由量变到质变的过程。

我国从"九五"计划开始提出了经济转型问题，而后经济转型成为改革的持续热点，并把经济增长作为衡量改革成败的标准。以上海市为例，上海市按照中央要求，加快推进"四个率先"（率先实现科学技术跨越发展、率先建成国家创新人才高地、率先建成国家高水平科技智库、率先建设国际一流科研机构），加快建设国际经济、金融、贸易和航运中心，致力于创新驱动、转型发展。在互联网和新经济不断兴起的背景下，市场主体不断创新业态和模式，应用新技术实现新发展。上海市提出以"四新"——新产业、新业态、新技术和新模式推动经济转型发展。新产业是指以新科学发现为基础，以新市场需求为依托，引发产业体系重大变革的产业。例如，互联网产业就是给世界产业体系带来巨大冲击和变革的新产业。新业态是伴随信息等技术升级应用，从现有领域中衍生出的新环节、新活动。例如，在移动通信、卫星定位等技术发展之后，汽车服务衍生出导航、车载信息、车联网等新增值服务；移动互联网领域随着移动终端的普及推出位置服务；社会经济领域海量数据挖掘分析形成大数据应用服务；互联网企业介入银行核心业务形成互联网金融等。新技术不是简单的产品技术或实验室技术，而是指可实际推广、替代传统应用和形成市场力量的新技术，如物联网技术、云计算技术、储能技术、页岩气技术、机器人技术、智能驾驶技术等。新模式是以市场需求为中心，打破原先垂直分布的产业链及价值链，实现重新高效组合，如制造业与服务业融合、制造业平台化、平台经济、联盟经济等。

"四新"包括以下几个基本特点：一是四个"新"相互渗透，如某些新领域本身就是新技术应用后形成的新模式或新业态；部分新模式、新业态大规模发展后，引起产业体系根本性变革产生新产业。二是随着最新技术、模式等突破应用，"四新"的内容和形态将不断变化。三是跨界融合特征显著，如制造业和服务业融合，跨界、异业联盟发展迅速等。四是"四新"往往渗透到传统产业改造提升的各个环节中。五是更加依赖有利于创新的宽松氛围，需要鼓励创新、容忍失败、减少规制的基础环境。六是呈现轻资产化，以知识智力资产的开发和转化应用为核心，更依赖核心人才团队建设。

上海市政府提出要深入把握"四新"发展特点和趋势，确立"四新"发展导向，合力营造有利于"四新"萌芽和发展的环境氛围，采取鼓励、保护、培育、引进、扶持等多种手段共同推进"四新"发展，推动形成符合市场导向的"四新"内生增长机制。

第一，拓宽培育促进"四新"发展的渠道。积极支持战略性新兴产业领域内的"四新"培育工作，通过提升制造业能级来催生更多"四新"成果。同时，加强传统产业改造，对接"四新"，以实现产业转型升级和高质量发展。

第二，优化"四新"发展的市场化支撑体系。开展支持"四新"推广应用的重大项目，推进面向"四新"的投融资机制创新。要创新"四新＋基地＋基金"的载体建设模式，聚焦重点领域，细分产业链，吸引一批"四新"企业形成集聚优势。

第三，完善涵盖"四新"的企业服务及扶持体系。将"四新"企业纳入全市服务企业机制覆盖范围，探索将"四新"企业纳入高新技术企业认定范围，促进财税金融等扶持政策转型；将研发、应用等纳入项目支持条件，推动政府部门带头采购云计算等较成熟的"四新"产品及服务；推动营改增向支持"四新"方向完善。

第四，转变政府公共服务和行业管理方式。深入推进政府信息资源公开、数据开放和共享应用，为"四新"企业发展创造开放的市场条件。探索推广负面清单管理。原来政府管理方式以正面清单为主，现在探索应用负面清单管理的方式，为创新创业企业发展创造更大的市场空间。

第五，做强创意设计产业。加强传统经典或老字号产品与现代时尚元素的结合，推动具有自主知识产权的本土创意产品走向世界。围绕机械装备、时尚消费品、建筑装饰等重点领域，打造集原创策划、交易展示和品牌运营于一体的创意设计产业链。文化创意产业集成了文化、创意、科技、资本、制造等要素，以人的创造力为核心，以文化为元素，以创意为驱动，以科技为支撑。

第六，提升传统旅游业。提高旅行社服务专业化水平，加快标准化建设。优化旅游业结构，加强与国际知名酒店的合作，发展会议型、度假型、精品型旅馆，打造品牌旅行社和饭店集团。振兴旅游餐饮品牌，引进国际品牌旗舰店，加强旅游纪念品开发。

第七，培育新兴旅游业。利用大型制造业企业集聚的优势，大力发展工业旅游。借助国际知名的演出、节庆和赛事活动，积极发展文化体育旅游。利用丰富的教育和医疗资源，加快发展求学和医疗旅游。加快发展邮轮和养生度假旅游，大力发展生态休闲和农业旅游。

二、现代汽车专业群发展规划

（一）创建校企合作开放式专业群育人平台

建立一个合作教育基地、聘请一批行业专业技术人员作为兼职教师、开拓一批实习就业通道、设立一套校企合作创新机制和课程孵化机制，创建开放式专业群育人平台，开发专业群内学生学习指南，使其成为学校汽车专业人才培养的支柱和服务社会的链接点。

为培养技能高超的汽车专业人才，按照"一站式"设想，建立和完善具有专业群特色的校企合作、工学结合运行机制。汽车专业群应贴紧汽车行业最新岗位要求，在专业群内深化工学结合、校企合作人才培养模式。同时，打造汽车车身修复高端品牌特色，成立企业参与的教学质量监督委员会。

1. 拓展校企合作，建设学校、行业、企业三位一体的育人平台

①挖掘现有资源。整合校内实训设施设备，规范教育教学常规。②深化校企合作。与相关企业合作建设合作教育基地，建立规范有序的校企合作运行机制。③加强教学师资。聘请3～5位行业技术人员作为稳定的兼职教师。④开辟就业通道。瞄准汽车制造厂、汽车销售4S店、汽车维修企业3～5个新的就业通道。

2. 制订专业群人才培养方案

聘请国内外汽车行业专家入驻，组建汽车专业群建设指导委员会，参与汽车专业人才培养的各个环节。同时，对内部与外部两个市场进行深入调研，在此基础上制订现代汽车专业群建设方案和现代汽车专业群人才培养方案，开发现代汽车专业群学生学习指南，使开放式专业育人平台的作用得到有效发挥。

3. 打造汽车车身修复高端品牌特色班

为深化与国际名企的合作，践行人才培养模式改革，现代汽车专业群应重点打造汽车车身修复高端品牌特色班。通过校企合作培养，使该班学生具备国际先进技术，能熟练操作国际先进汽车车身修复设备，能阅读简易的英文维修手册，尖子学生能在世界技能大赛中脱颖而出。

（二）推进课程教学改革

1. 构建专业群课程体系

着眼本专业群的实际，重点突出专业群的职业链结构，针对专业群的技术领域和基础知识趋同性的特点，合理构建专业群的课程体系。按照学校专业群建设指导意见要求，在"平台＋模块"的基础上，根据本专业群的特点，构建具有"宽平台、活模块、多方向、重实践"特色的专业群课程体系。

2. 优化课程内容

按照企业工作岗位的职业能力要求，根据工作岗位的实际情况选取或设计工作任务，并以工作任务为中心选择和组织课程内容，开发校本化的专业课程教学标准。

3. 开发校本教材

依照岗位需求，校企双方共同开发安全防护、车身损伤评估等专业课程的校本教材，形成生动活泼的现代汽车专业群系列校本教材。为适应汽车维修行业国际化以及规范化的发展趋势，特别开发安全防护专业双语教材，将最新的行业要求和世界技能大赛相关要求融入教材，填补在这一领域的空白。

4. 建设精品课程

在精品课程建设工作组的领导下，按照信息化标准认真做好精品课程各项建设工作。建设过程中充分利用企业、行业和高等院校资源，编写精品课程的教学设计、课程标准、教案等文本资料，制作数字化教学资源如 PPT 课件等，开发技能鉴定试题库，丰富精品课程内容，提升课程层次。

5. 建设教学资源库

按照教学资源库的技术规范要求，充分发挥计算机应用的专业优势，以精品课程资源为基础，建立并完善有汽车专业特色的教学资源库。积累安全防护、车身损伤评估等专业核心课程教学素材，包括电子教案、PPT 课件、习题、案例、图片、视频等，初步建成汽车车身修复专业数字化教学资源库。开发仿真教学软件。

（三）建设"双师""多能"教学团队

通过专业群的校企共建，着力打造一支"双师""多能"师资队伍。利用职教集团平台，加强专业群校企合作深度建设，积极引进专家、名师、技师等能工巧匠作为兼职教师，提升"双师""多能"教师的数量与质量。

1. 深入企业实现岗位轮转式锻炼

①实施汽车 4S 店挂职锻炼计划，相关中高职院校汽车专业进修、拜师学艺计划，促进专业带头人的成长。②向先进企业派驻教师进行高端技能训练，提升教师的实际动手能力，增强对当前行业先进技术的了解，更好地开展日常教学工作，并进行适当的研发工作。

2. 专业群相近课程领域的专业培训

①根据各类职业技能大赛的特点，抽调经验丰富的指导教师和技术过硬的外聘专家组成金牌教练队伍，全面提升学校职业技能大赛指导水平。②开展教学改革实验、观摩研讨、教学总结反思、课改专题研讨等多种形式的教育教学研究和科研活动。中青年教师尤其要积极参与科研，在教学中研究，在研究中教学，在科研实践中锻炼自己的能力，成就自己的进步，提高科研能力。

3. 加强教师自我发展，完成"双师""多能"的教学团队培养

①完善专业教师考取专业技术资格证书奖励制度。加大鼓励力度，鼓励专业教师考取相关的技术等级证书和专业培训证书，对获得证书的教师给予经费支持。②为每门项目课程配备一位行业专家担任顾问。一位专业教师与一位行业专家结对，努力提升教师"双师"素质，争取"双师型"教师比例达 50% 以上，把"双师型"教师队伍建设落到实处。③建立汽车工作室，聘请优秀汽车专业教师入驻学校，把工作室打造为大师技能展示、高端师资培养、高级技能培育的场所。通过带徒传技，推广名师的教育教学、技能带赛等经验，促进师徒制人才培养模式的创建。

（四）建设开放共享的实践教学基地

第一，建成现代汽车实训中心。根据专业人才培养的实际需求，结合各专业课程体系，加快汽车维修、镀金、营销实训中心的建设，加强实训中心的运

行和管理。在实训中心引进企业项目，建立模拟的教学环境，培养学生的专业技术能力。

第二，编写完成部分基本技能训练操作规程，完善运行管理制度，健全并规范实训教学文件。

第三，扩大社会服务功能。开展在职技术人员的继续教育培养和待岗人员的岗前培训，进行汽车维修、镀金和营销的专业技术培训。开发面向学校、企业和社会的专业培训课程，每年对社会提供一定人次的技术培训。

三、旅游烹饪专业群发展规划

旅游烹饪专业群以中餐烹饪与营养膳食专业为龙头，以高星级酒店运营与管理、旅游服务与管理专业为两翼。建设目标是以制订旅游烹饪专业群人才培养方案为突破口，以专业园区的文化建设和平台建设为抓手，完成专业群的建设任务。根据学生的不同特点，积极推进人才培养模式改革，着力构建有利于"双素质"技能型人才培养的课程体系，着力打造"双师"结构的专业教学团队，全面提升师资队伍战斗力，把本专业群建设成为师资一流、课程教学合理、德技兼顾的精品专业，在同类专业中发挥引领示范作用。围绕旅游服务行业的发展特点，确立"精品化"的专业发展定位；优化人才培养方案，深化校企合作、工学结合人才培养模式；推进理论实践一体化课程教学改革；通过各类培训，促进师资队伍建设；优化实训功能，形成集约化管理制度，提高人才培养质量；通过中餐烹饪与营养膳食专业的建设，带动旅游烹饪专业群在共享课程、信息化管理方面的建设。具体建设举措如下。

（一）提升专业整体水平

建立旅游烹饪专业群建设专家指导小组，指导并有效落实专业群发展各项工作，以中餐烹饪与营养膳食专业为龙头，带动高星级饭店运营与管理、旅游服务与管理等专业发展，形成旅游烹饪专业群有活力的良好局面。

1. 完成专业群的人才培养方案

本专业培养的人才将在餐饮行业就业，这些餐饮业的新生力量对食品安全的理解、对未来的食品安全工作有着重大的影响。高职院校应根据学校的实际情况，制订专业群人才培养方案，强化食品安全的相关文件、操作标准等，包括专业教学标准、人才培养方案、课程标准。

2. 建设专业园区的育人平台

①与相关企业建立合作教育基地。②聘请 3 ~ 5 位行业技术人员作为稳定的兼职教师。③开拓 3 ~ 5 个新的就业通道。④以合作基地为载体，建立专业群的孵化机制。

3. 建设专业园区的文化

①以相关旅游标志作为专业文化的标志。②在园区内建设技能展示长廊，内容包括技能结构、岗位结构、专业建设成果和学生专业学习指南。③园区内学生统一穿着专业服装。

4. 加强实践教学规范管理

按照学校专业群教学文本规范要求，以实践教学基地为重点，确定具有园区特色的"专业群教师岗位职责""专业群主任工作职责""专业群教务主任工作职责""专业群教务员岗位职责"等。

（二）改革课程内容

着眼专业群的实际，重点突出专业群的职业链结构，针对专业群的技术领域和基础知识趋同性，合理构建专业群的课程体系。按照指导要求，在"平台＋模块"的基础上，形成"共享平台＋专业模块＋综合实践"三段式开放的课程体系要求，根据专业群的特点，具体构建小平台、大模块的专业群课程体系。

1. 优化课程内容

按照岗位工作任务的职业能力要求进行课程设置，根据工作岗位的实际情况选取或设计工作任务，并以工作任务为中心，选择和组织课程内容。在此基础上，初步完成专业课程教学标准的制定，编写校本教材。

2. 完成精品课程建设

在精品课程建设工作组的领导下，按照信息化标准认真做好精品课程各项建设工作。建设过程中充分利用企业、行业和高等院校资源，编写精品课程的教学设计、课程标准、教案等文本资料，制作数字化教学资源，如 PPT 课件等，开发技能鉴定试题库，丰富精品课程内容。

3. 建设专业教学资源库

按照教学资源库的技术规范要求，充分发挥计算机应用的专业优势，以精品课程资源为基础，建立完成专业群的教学资源库。建设若干专业教学资源包，建成包括教研参考资料、电子教材、在线测评资源等在内的专业教学资源库。鼓励教师多使用录播实训室，通过即时的播放和点评，让教师更好地对学生的技能训练活动进行指导，同时建成专业群系列课程录像资源。

4. 探索旅游烹饪专业群内关联教材的共建共享

构建"专业共享＋个性方向"的专业群课程模块，开发专业群共享课程的课程标准，为专业群发展奠定基础。编写专业群共享课程的校本教材，为专业群发展提供课程教材载体支持。共享课程的校本教材由专业群各专业教师共同组成编写组，对内容进行协调确定。

（三）建设"双师""多能"教学团队

通过专业群的校企共建，着力打造一支"双师""多能"师资队伍。利用职教集团平台，加强专业群校企合作深度建设，积极引进大师、名师、技师等能工巧匠作为兼职教师，提升"双师""多能"教师的数量与质量。

1. 进企业实现岗位轮转式锻炼

①采用酒店挂职锻炼计划，相关高职院校烹饪、旅游相关的专业进修、拜师学艺计划，促进专业带头人的成长。②向高星级酒店派驻教师进行高端技能训练，提升教师的实际动手能力，增强对当前行业先进技术的了解，更好地开展日常教学工作，并进行适当的研发工作。

2. 专业群相近课程领域的专业培训

①根据各类职业技能大赛的特点，抽调经验丰富的指导教师组成金牌教练队伍，全面提升学校职业技能大赛指导水平。②开展教学改革实验、观摩研讨、教学总结反思、课改专题研讨等多种形式的教育教学研究和科研活动。

3. 教师自我发展，完成"双师""多能"的教学团队培养

①完善专业教师考取专业技术资格证书奖励制度。加大鼓励力度，鼓励专业教师考取相关的技术等级证书和专业培训证书，对获得证书的教师给予经费支持。②为每门项目课程配备一位行业专家担任顾问，一位专业教师与一位行业专家结对，努力提升教师"双师"素质，争取"双师型"教师比例达80%以上，把"双师型"教师队伍建设落到实处。③建立名师工作室，聘请酒店内的知名大厨入驻学校，把工作室打造为大师技能展示、高端师资培养、高级技能培育的场所。通过带徒传技，推广名师的教育教学、技能带赛等经验，促进师徒制人才培养模式的创建。

（四）建设开放共享的实践教学基地

第一，建成旅游实训中心。根据专业人才培养的实际需求，结合各专业课程体系，加快旅游实训中心的建设，加强实训中心的运行和管理。在实训中心引进企业项目，建立模拟的教学环境，培养学生的专业技术能力。

第二，编写完成部分基本技能训练操作规程，完善运行管理制度，健全并规范实训教学文件。

第三，扩大社会服务功能。开展在职技术人员的继续教育培养和待岗人员的岗前培训，进行中短期烹饪、面点等专业的技术培训。开发面向学校、企业和社会的专业培训课程，每年对社会提供一定人次的技术培训。

四、创意设计专业群发展规划

创意设计专业群以动漫游戏专业为龙头，以美术设计与制作、计算机应用专业为两翼，以服务学生为中心，以培养应用型技术人才为目标，以专业群育人平台驱动专业群内相关专业发展。

高职院校应从行业企业的实际需求出发，不断优化人才培养方案，确保学生所学与市场需求紧密结合。构建科学合理的课程体系，采用"共享平台＋专业模块＋综合实践"的开放动态课程体系结构，既能够保证知识体系的完整性，又能够鼓励学生发挥创新精神。

为提升教学质量，高职院校应着力打造一支既具备理论知识，又拥有实践经验的"双师""多能"教学团队。此外，还应与多家企业建立深度合作关系，通过实践教学基地的开放共享，完善工学结合机制，为学生提供丰富的实践机会。

同时，高职院校应创建共享型教学资源库，方便师生共享优质教学资源。为确保教学管理的有序高效运行，高职院校应建立适合专业群发展的教学管理运行机制。

在园区文化建设方面，高职院校应以动漫游戏专业为引领，各专业相互渗透、相互关联，形成强大的专业脉络，共同推动创意设计专业群的繁荣发展。

（一）具体建设目标

1. 形成集群式的教学管理

以学校动漫游戏专业、美术设计与制作专业、计算机应用专业组建创意设计专业群，形成集群式的教学管理，实现资源共享，加强专业群园区专业文化建设，形成特色。

2. 创建专业群育人平台

针对专业群内的三个专业进行企业、行业调研，创建专业群育人平台，提升校企合作水平，形成校企共赢的局面。

3. 优化专业群人才培养方案

根据专业群前期建设，充实完善专业群调研报告，根据"平台＋模块"的基本结构重新梳理整合专业群人才培养方案；编写专业群学习指南，以学生为本，使其明确学习范围、要求、职业能力、职业发展前景等。

4. 建设专业群课程体系

寻求专业群内各专业的共同点，形成创意设计专业群共享专业核心课程。同时，在专业群内进行项目化教学改革尝试，在考核方式和教学成果展示等方面进行改革，其中"Flash 动画制作"是专业群内动漫游戏专业、计算机应用专业同设的模块专业方向性课程，可作为纽带将项目化教学改革渗入专业群。另外，可增设专业群内他类专业课程作为专业拓展课程，全面提升学生的多方位能力。

5. 建设专业群师资队伍

美术专业教师通过拓展课程使计算机专业学生提高美术设计、美工能力，计算机专业教师通过专业核心课程和方向性课程使美术专业学生提高计算机应用水平。教师参加各类各级培训，向"双师""多能"的方向提升。专业群内教师相互学习，弥补自身在技能、知识方面的不足。

6. 建设专业群开放共享的实践教学基地

整合实训室资源，如电脑机房、专业绘画教室、多媒体教室等。专业群内可计划建设大师工作室、动漫创意公司、后期制作实训室，进一步提升实训条件，实现实训功能的融通。除了提供实践教学，学校还应引进企业真实项目作为课程实践与评价环节的重要载体，作为企业开发与孵化创意产品的基点，加强职业技能培训。

7. 建设专业群数字化教学资源平台、作品发布与评论模块

创意设计类作品成果是可呈现的，因此是本专业群的特色与优势。数字化教学资源平台通过课程素材包、公开课资料、教学课件等资源在专业群内共享，教师通过平台相互学习、拓展教学技能。作品发布与评论模块可呈现多专业、多形式的作品，多元化体现教学成果，如学生作业、比赛作品、项目制作成果，包括动态的、静态的、互动的。高职院校可增强评价形式的多样性，专业群内学生、

教师、专家可在平台上对作品进行投票、评价等。此举可以加强专业群内学生的互动，提升学生的学习兴趣，形成专业群内的虚拟社区。

8. 提升专业群社会服务功能

高职院校应充分发挥创意设计专业群的教学资源优势，多方面、多层次、多角度地把学校和各类对外活动、培训等相结合，为学校发展和职业技能提升提供技术服务，扩大社会效应。

（二）建设思路

高职院校应围绕区域产业结构特点，满足行业企业需求，创新人才培养模式；通过市场调研，从岗位要求出发，优化人才培养方案；优化项目课程结构，开展项目教学改革，完成专业核心课程和教学资源库的建设；通过建立动漫大师工作室、组织各种形式的培训与活动，促进教师队伍建设；建设动漫模拟公司，引入企业管理文化，服务于学校德育活动；将动漫游戏专业的建设思路引入专业群建设，重点进行群内专业教学实施方案优化、共享课程及课程资源建设、师资队伍建设，带动专业群共同发展。

第三节　创立现代职教人才培养联盟，拓展专业群发展空间

一、与政府联盟

政府应对应用型高职院校事业进行决策、组织、协调和监督，引导应用型高职院校按既定规划有序、稳定地健康发展。政府掌握大量应用型高职院校资源，包括财政资金、政策资源、组织资源、人力资源、社会信息资源等。相关部门与高职院校存在不同程度的联系，具有建立办学联盟的良好基础。教育委员会作为应用型高职院校的行政管理部门，与学校的关系是领导与被领导的关系，对高职院校发展的影响更加直接。与政府联盟，需要学校主动出击，积极争取相关的指导与支持，并表示愿意承担某种义务与责任，在可能的条件下或许有正式协议的签订。但更多是学校与相关部门保持密切的联系，以及相关政府部门给予办学方向指导和人力、财力、物力及信息资源的实质性支持，双方形成某种共识，没有直接的利益关联，也不是完全处于平等的状态，主要是共担社会责任。

二、与行业联盟

与行业联盟具体包括与行业协会联盟以及与行业培训机构联盟。

（一）与行业协会联盟

以上海市为例。上海市有数百家行业协会，如上海市信息服务业行业协会、上海市会展行业协会、上海市多媒体行业协会、上海市汽车销售行业协会、上海市信息通信行业协会、上海市电子商务行业协会、上海市软件行业协会、上海市建筑施工行业协会、上海市国际服务贸易行业协会、上海市交通运输行业协会、上海市化学建材行业协会、上海市建筑材料行业协会等。高职院校专业群一般与行业协会相对应，具有很强的针对性。这些行业协会掌握本行业的发展技术与信息，拥有本行业最具实力的企业资源和行业培训资源，是高职院校专业群建设与发展可以利用的宝藏。

（二）与行业培训机构联盟

上海市依托政府部门、行业协会及教育机构，建立了大量的各种培训机构，如上海市旅游培训中心、上海市建设工程检测培训中心、上海市商务教育培训中心、上海市现代食品职业技能培训中心、上海市市政培训中心等。这些培训机构或有政府背景，或有大的行业背景，专业性强，谙悉所属行业的业态和发展趋势，对相关职业岗位的操作流程与要求了如指掌，专业上有一定的权威性，在行业内部有很深的人脉关系，是高职院校办学联盟理想的合作伙伴。

三、与企业联盟

企业以盈利为目的，主要通过运用各种生产要素（土地、劳动力、资本、技术和企业家才能等）向市场提供商品或服务，实现投资人、客户、员工、社会大众的利益最大化，是最具活力和生命力的社会经济组织。公司制企业是现代企业中最主要、最典型的组织形式。现代经济学理论认为，企业本质上是一种资源配置的机制，能够实现整个社会经济资源的优化配置，降低整个社会的交易成本。

企业行事以追逐利润为前提，学校在校企合作中一定要以双赢为原则，如此才能与企业建立长期稳定的合作机制。高职院校与企业合作一般有两条途径：一是直接与企业合作，尤其是与大型企业集团合作；二是通过行业协会，与企业进行间接合作。与企业直接合作，特别是与大型企业集团合作是校企合作的最佳选择。与行业协会合作的优势是起点比较高，操作比较规范，目标达成度比较高。

不仅如此，行业协会与相关企业联系紧密，有比较强的影响力和号召力，高职院校通过与行业协会的合作能有效推进与微小企业的合作，起到事半功倍的效果。

四、与同行联盟

高职院校与同行联盟，包括与高职院校、基础教育学校、中职院校、教育培训机构合作。

随着国家对以"职业辅导教育""职业继续教育"和"劳动者终身学习"为主题的应用型高职院校终身一体工作的推进，高职院校与基础教育学校、社区教育机构以及高职院校与高职院校之间的合作也不断深入。例如，发挥学校的专业优势，通过"普职渗透"，承担普通教育的劳技课教学任务，如果专业对口还可以与青少年活动中心合作，承担校外教育项目等。社区教育机构包括开放大学、社区大学、社区学院、社区教育中心和居民学校等，它们主要为建设学习型社会服务，开展以职业技能、文化素养、现代生活、休闲娱乐等为主要内容的社区教育活动，为区域内的居民，包括老年人、青少年、残疾人、失业人员和外来务工人员等社会群体提供多样化的教育培训服务。高职院校可以利用自己的专业优势，与教育培训机构展开合作，扩大自己的社会服务功能。

在应用型高职院校终身一体工作的推进中，还有一个非常重要的部门，即人力资源和社会保障部门的职业技能鉴定中心。职业技能鉴定中心负责对本市劳动者实施职业技能鉴定和颁发国家职业资格证书。以上海市为例，目前绝大多数高职院校均与市、区职业技能鉴定中心开展了良好的合作，设立了职业技能鉴定所 / 站，不少资深的专业教师成为职业技能考评员，承担了大量的职业技能鉴定及培训任务，不少学校承担了职业技能鉴定项目开发任务，为当地职业技能鉴定做出了重要贡献，同时提升了学校在行业的影响力。实践证明，与各级职业技能鉴定中心合作，是高职院校拓展专业群发展的有效途径，值得大力推广。

五、与国际教育联盟

依旧以上海市为例。在新一轮城市总体规划中，上海市的城市定位已经发生变化。在 2020 年基本建成"四个中心"和社会主义现代化国际大都市的基础上，2040 年要努力建设成为具有全球资源配置能力、较强国际竞争力和影响力的全球城市。与此前现代化国际大都市的定位相比，上海市应在全球城市格局中成为类似于纽约、伦敦、东京等的重要"全球性节点"。上海市要成为全球城市，必须是全球性的要素流动与配置的中心，对全球生产要素的价格有重大影响力，有全球性的商业机会和投资吸引力等。与之相匹配，上海市不但需要新型的产业体系，而且需要新型的教育体系。2014 年，美国杂志《外交政策》在哥伦比亚大学社会学教授萨斯奇亚·萨森（Saskia Sassen）等和一些组织的研究基础上，发表了全球城市的排名。入选"全球十大都市"的城市依次为纽约、伦敦、东京、巴黎、香港、洛杉矶、芝加哥、上海、新加坡、华盛顿。这十座都市被称为新时代的"世界十大国际大都市"。此项排名的研究是在五个领域的基础上开展的，包括商业活动、人力资源、信息交流、文化积累及政治参与。上海市已经走在全球城市的路上，为此，包括应用型高职院校的上海教育走国际化路线是必然的选择。

国家层面一直鼓励不同类型的学校开展中外合作办学。2003 年，国务院发布了《中华人民共和国中外合作办学条例》。应用型高职院校作为中外合作办学的优先领域，有更广阔的发展空间和前景，它对促进我国现代化建设急需的学科、专业建设，完善课程、教材和教学改革以及教育管理体制和运行机制的进一步改革，提高高职院校的办学水平都有积极意义。

应用型高职院校中外合作办学不仅能够提高学生的综合能力，促进学生的成功就业和教师队伍的专业化建设，还能够引进国外先进的教学理念、教学方法以及管理模式，促进学校资源的优化配置，从而带动学校整体办学水平的提高。事实证明，应用型高职院校与国际教育机构合作有很大的空间，是高职院校专业群建设与发展的重大突破。

第四节　形成"六位一体"动态评价体系，监督专业群建设质量

为了引导社会行业的健康发展，每个社会行业都有自己的评价体系，高职院校也不例外。高职院校专业群评价指标体系是指由专业群各方面特性及其相互联系的多个指标所构成的，具有内在结构的有机整体。评价体系实质上是一种工具，评价的关键是量表的设计，运用量表对专业群建设进行定期和不定期的监测，从而构成动态评价体系。通过企业、专业评价机构、学校管理部门、教师、学生、家长"六位一体"的评价，对专业群的建设质量进行监督，以确保专业群的持续发展。

首先，形成"六位一体"专业群建设动态评价体系，要做好评价量表的设计。学校应结合学校专业群建设的实际，设计一套科学可行的评价量表。一个好的评

价量表既要有较高的信度、效度，也要有适当的难度和较高的区分度。较高的信度即评价的可靠性，进行评价活动应保证对评价指标体系（项目及其赋值）正确理解、没有歧义，并使这些评价经得起实践检验。较高的效度即测量的正确性，如评价专业群内实践教学基地建设，不仅要考察其设备、设施的总值及其先进性，还要考察其对设施的有效使用，即专业通融性、自开率、对学生的开放情况等。区分度又称鉴别力，是指评价项目对评价对象实际水平的区分程度。评价的直接目的是取得"数量"，评价指标体系（项目及其赋值）如果没有较高的区分度，所测各个专业群的同一项目差异度无从区别，就很难据此做出正确的评价。难度是指评价项目的难易程度，评价的难度适中，有助于提高评价的信度、效度和区分度。"工欲善其事，必先利其器"，评价就是专业群建设的一把"利器"。

其次，评价指标要具体、可测、行为化和可操作。一般来说，评价体系的最低一级指标必须分解到可以计量、可以操作的程度。但是，专业群建设中很多项目很难量化，有些量化的项目未必能够反映本质。因此，应允许某些指标有主观评定鉴别的余地。例如，对教师教学能力的评价，学历、职称、课题、论文等都容易指认和量化处理，但是学历并不必然与能力成正比。因此，对教师理论与实践教学能力的评价，应在评价指标上注意凸显课堂教学效果和教育科研创新。教育评价有五个基本功能，即选拔功能、导向功能、激励功能、改进功能和鉴别功能。专业群建设评价的目的是通过"以评导建""以评促建"提高专业群的建设水平。在实践中应注重发挥教育评价的导向功能、激励功能和改进功能，只有明确了评价目的，才能根据评价目的对评价指标项目进行选择，根据评价目的对评价指标项目权重进行分配。关键的指标甚至可以达到"一票否决"的程度。例如，由于人才培养的规格是由课程设置决定的，课程结构和教学内容改革被置于比较重要的地位并被赋予较高的权重。同样，专业群建设直接与产业和行业相关联，必须十分强调校企深度融合和人才培养的社会适用性，因此专业群毕业生的就业率和就业质量就处于极其重要的位置，成为评价专业群教学质量与效益的关键性指标。同时，还要注意区分评价主体。企业对学校专业群建设最有发言权，但不足之处是对学校教育不太熟悉。企业的评价应侧重于专业群专业及专业方向的设置，课程结构及课程内容对企业工作链、职业岗位群技术应用与人才要求的匹配度，学校毕业生就业后的质量。企业评价对学校专业群建设具有极强的导向性以及鉴别功能和改进功能。专业评价机构一般由教育主管部门指定，具有较高的权威性，评价指标设定比较严谨。目前，此类评估机构还没有制定出高职业院校专业群评价指标体系，人们只能参考单一性专业评价指标。少数省市发布了高职院校专业

（群）评价指标体系，但"群"的特色不够鲜明。学校管理部门与专业群是利益共同体，评价指标应覆盖权威专业评价机构的评价内容，但要更具针对性和实效性，建议从专业群专业文化新鲜度、专业体系集聚度、专业群课程资源共享度、师资团队水平、教学实施有效度、专业群专业建设改革创新度、教学条件完备度、校企合作融合度、专业建设成果显著度九个纬度展开。学校管理部门评价的目的更多是监督、激励和改进。教师、学生、家长作为学校专业群建设的受用方，评价主要是从个体角度，通过他们的感受以"满意""比较满意""不满意"发表对专业群建设的意见，为进一步改进专业群建设提供参考，目的还是监督、激励和改进。需要特别指出的是，评价与其说是为了专业群的建设发展，不如说是为了促进学生和教师的发展。因为专业群建设好了，受益最大的是学生和教师，通过他们再使企业和社会受益。

最后，专业群评价指标必须考虑专业群的特殊性。应用型高职院校作为国家教育体系的重要部类，主要培养能适应工作变化的知识型、发展型技能人才。教育种类及人才培养目标的不同，以及人才观、质量观的不同，形成了培养规格、课程设置、教学过程、质量检验、学生管理等一系列的差异。例如，高职院校的专业群特别强调专业设置以就业为导向，因此专业设置就必须有行业企业背景，校企合作就成了必然的要求；教师队伍中"双师型"教师必须占相当比例，在教学过程中强调学生对技术技能的掌握，实践性教学应占有重要的地位。应用型高职院校人才培养目标的特点必须在评价体系中有突出的反映。再如，兼职教师及全职教师的管理要求反映了专业群的行业背景、行业专家参与校企融合的程度，因此必须作为核心评价指标。由于行业企业职业的多样性，高职院校的专业群结构及专业内的专业结构比较复杂，即使在高职院校乃至专业群内部也存在较大的差异，学校专业群评价体系指标的可比性及其处理的方式必须有一定的灵活性。例如，设备值及其增量作为专业建设的一个指标是毫无疑义的，但是不同专业群和专业群内不同专业之间的实际要求差异很大，应有灵活的处理方式。

第四章　大学生创新创业概述

在当今社会，创业已成为一种重要的职业规划方式，吸引着众多有志之士投身其中，追求自己的梦想。然而，创业并非易事，其失败率之高也是众所周知的。尽管如此，许多创业者仍然在失败后选择继续前行，他们中的许多人甚至转投其他项目，作为核心成员继续打拼。

那么，这些经历过创业的求职者为何如此抢手呢？与那些没有创业经历的打工者相比，他们究竟多了些什么呢？

一是有责任感。创业后想的是天气不好会不会影响生意；满心急的是如何求生存、谋发展；再棘手的问题也得硬着头皮去解决；手机一天24小时开机，生怕错过什么机遇。

二是懂得感恩。创业后经常要求人，若有贵人可以帮自己，便心怀莫大的感激；遇到困境时，才知道家人的支持、恋人的陪伴、朋友的理解能给人多少温暖和鼓励。

三是能够更加真实地看待自己。创业后，无论大事小事都得考虑周到，很多事情还需要亲自去处理，这就必须面对自己各方面能力的不足，包括执行力、竞争力、凝聚力等。

四是改变了思考问题的方式。创业后想的是自己的努力和策略可以创造多少价值；遇到问题只是解决了还不够，还要考虑问题的根源是什么、如何预防；遇到比自己能力强的人才想的是如何将其网罗到自己的旗下；希望有个好的导师来指点和帮助自己，越来越意识到自己的不足。经过创业的磨炼，个人的能力与心理素质将得到显著的提升。在面对公司问题时，员工能够以主人翁的姿态进行深入思考，并展现出谦卑、好学与感恩的态度。即使创业未能成功，具备这种精神的员工依然会受到老板的青睐。因此，创业不仅是一种创新尝试，也是个人职业规划中的重要一环。

在知识经济时代，知识创业已经成为新的创业模式，因此高职院校有必要顺应知识经济社会发展的需要对在校大学生开展创业教育，鼓励和扶持大学生开展创新创业活动，着力培养大学生的创业意识、创新精神、创业能力和创业素质。具体来说，创新创业教育是指结合专业教育来传授创业知识，培养大学生的创业能力和创新品质，使大学生毕业后能够顺利步入社会，实现自主创业和自我发展的教育。同时，创新创业教育作为一种教育理念，应贯穿高职院校的专业教学和课外活动，并以激发大学生的创业意识和创新思维为宗旨，让更多的大学生理解创业的含义，并具备一定的创业能力。大学生作为高素质人群，专业能力强，应该顺应知识经济时代的新潮流，在新一波创业浪潮中崛起壮大。

第一节　创新与创新意识

一、创新的含义

我们的学习、工作和生活中充满了不确定性，唯有不懈追求才是实现创新的根本保证。很多人认为创新是一件"高大上"的事情，似乎离我们普通人很远。然而，纵观历史长河，我们发现创新人人可为，关键在于对认识事物发展规律的执着追求，在于正确掌握并使用批判思维，不断反思。

创意对创新具有始动功能，没有创意，创新就不可能存在。创意可以证明每一个人都具有创造力，由此也破除了创新的神秘感。创意是思维过程，创造是把这种设想物化为有形的新产品，创业是利用新产品创建一个新事业，因此无论是创意、创造还是创业，整个过程都是创新。

（一）创新的由来

1912 年，熊彼特在他的德文著作《经济发展理论》中首次提出了创新的概念。他指出，创新是指企业家对生产要素进行新的组合，从而获得超额利润的过程。这种新的组合包含了五种情况：一是引入一种新产品或提供一种新的产品质量；二是采用一种新的方法；三是开辟一个新的市场；四是获得一种原料或半成品的新的供给来源；五是实行一种新的企业组织形式。他的理论一开始并没有引起足够的重视，直到 1934 年他的作品用英文出版后，才引起了学界的广泛关注。在熊彼特创新概念的基础上，人们进一步提出技术创新、产品创新、过程创新、制度创新、体制创新等一系列概念，并将微观领域的创新活动上升到国家宏观层面，提出国家创新体系等概念。20 世纪 90 年代，我国把"创新"一词引入了科技界，形成了"知识创新""科技创新"等各种提法，进而扩展到社会生活的各个领域，如今创新的说法几乎无处不在。

（二）创新的科学内涵

创新是人类为了满足自身需要，以新思维、新发明和新描述为特征，不断拓展对客观世界的认识能力和实践能力的活动，是人类主观能动性的高级表现形式。在西方，英语中"innovation"这个词源于拉丁语"innovare"，它原意有三层含义：第一层含义是更新，就是对原有的东西进行替换；第二层含义是创造新的东西，就是创造出原来没有的东西；第三层含义是改变，就是对原有的东西进行发展和改造。在汉语中，"创新"一词也出现得很早，有"革弊创新""创新改旧"等说法。《现代汉语词典》中对创新的解释是"抛开旧的，创造新的；创造性；新意"。

创新的含义是以现有的思维模式提出有别于常规或常人思路的见解，利用现有的知识和物质，在特定的环境中本着理想化需要或为满足社会需求而改造或发明，并能获得一定有益效果的行为。创新是以新思维、新发明和新描述为特征的一种概念化过程。创新是人类特有的认识能力和实践能力，是人类主观能动性的高级表现形式，是推动民族进步和社会发展的不竭动力。

虽然学术界对"创新"尚未有统一定义，但是从一般意义上来看，创新是指打破已有的思维模式或常规的思路和见解，利用有限的资源在特定的环境下改进或创造新的事物，探索新的方法和路径，并取得一定效果的行为和过程。具体来讲，可从以下几个方面进行理解：首先，创新是获取收益中的一个阶段。在这个阶段，需要突破常规，打破传统，产生新设想和新概念，并将其发展到实际应用的阶段。其次，创新是创造和引进某种有用新事物的过程。在这个过程中，从发现潜在的需求开始，运用知识或相关信息进行创造，并经历事物的可行性检验，直至新事物的广泛应用为止。再次，创新具有解决问题的作用。创新可以在解决经济问题、社会问题和技术问题等范围内发挥广泛的作用，它是每个人都可以参与的事业。最后，创新以取得的成果和成效为评价尺度。任何创新活动的目的都是取得一定的成果并推广应用，根据成果和成效可以分为小级别创新、突破性创新和里程碑式创新。

创新的社会学解释是，人们为了发展需要，运用已知的信息和条件，突破常规，发现或产生某种新颖、独特、有价值的新事物、新思想的活动。创新的本质是突破，即突破旧的思维定式、旧的常规戒律。创新活动的核心是"新"，它或者是产品的结构、性能和外部特征的变革，或者是造型设计、内容表现形式和手段的创造，或者是内容的丰富和完善。

在我国研究与实践领域，凡属突破传统，具有开拓性的思想、行为、成果等都称为创新，即广义的创新概念，也是国内比较倡导的一个概念。它涉及理论创新、观念创新、科技创新、体制创新、制度创新、管理创新、市场创新、文化创新、教育创新等几乎所有领域。

二、创新的特点

创新作为一种活动，既是一个过程，也是一种境界，具有以下特点。

（一）首创性

首创性即"第一次"，是历史上从未有过的，是"无中生有"或"有中生新"。新的变动、新的组合、新的改进等，都是创新。这种创新可以是完全的"新"，也可以是部分的"新"，只要对旧事物有所突破、有所超越、有所改进，与别人的有所不同，就是创新。

（二）时效性

创新作为一种活动，在思想、理论、技术形成或产品投放市场后，经过一定时间会被更新的东西所替代，这种替代使得创新具有时效性。正因为这种时效性，我们在开展探究性教学或者进行科学研究时，就必须弄清项目所处的时期，并需要对发展的前景进行预测。

（三）成果性

成果性是指创新必须以新的成果体现，不管是物质的还是精神的，器物的还是制度的。当然，创新过程中会有失败，但失败是创新的一个阶段、一个环节，是不可避免的。

（四）价值性

创新的价值性体现为创新成果产生的社会效益或经济效益，其价值标准是社会性的，以不损害社会利益为前提。那些损害社会利益的活动，即便是首创，也绝不是创新。例如，搞新的迷信活动、发明新的计算机病毒等，都不是创新。

（五）综合性

从创新活动过程来看，创新是许多人共同努力的结果，即多人投入产出活动。

它既需要科技人员的理论知识和技术，又需要生产者和管理者的联合、协作，这样创新才能达到预期的目的。因此，创新是一项综合性活动。

三、创新的分类

创新活动是丰富多彩的。人类不可能永远墨守成规，必然会发展、变化，会开拓创新；在不同范围、不同领域的创新活动必然是多姿多彩的，创新就自然形成了不同类型。为了全面地把握各种创新的性质特征以及它们之间的区别与联系，必须对创新进行分类研究。根据不同的标准，创新可从以下方面进行分类。

（一）根据创新成果的首创性划分

这是最常见的创新划分方法。这种分类法将创新分为原始创新、集成创新与引进、消化吸收再创新三大类型。原始创新是重大技术领域从无到有的开拓，其本质属性是原创性和第一性；集成创新是指创新过程中应用到的所有单项技术都不是原创的，其创新之处在于对这些已经存在的单项技术按照自己的需要进行系统集成，并创造出全新的产品或工艺；引进、消化吸收再创新是最常见、最基本的创新形式，是产品价值链某个或某些重要环节的重大创新。

（二）根据创新成果在世界范围内的影响划分

根据创新成果在世界范围内的影响，可将创新分为绝对创新与相对创新。绝对创新是在世界范围内实现首创的创新；相对创新是不考虑其成果是不是世界范围内实现首创的创新。

（三）根据创新成果的自主知识产权划分

根据创新成果是否具有自主知识产权，创新可分为自主创新与模仿创新。自主创新就是自己创造出来的具有自主知识产权的创新；模仿创新是指通过模仿先前创新者的创新构想、创新行为和创新成果而做出的创新。

（四）根据创新活动的领域划分

根据创新活动的领域划分，创新可分为科技创新、制度创新、文化创新、教育创新、理论创新与营销创新等。

【案例】

让大学生放下手机重回课堂

米奇·加德纳（Mickey Gardner）和罗博·里查德森（Rob Richardson）是加利福尼亚州立大学奇科分校的两名学生。里查德森主修计算机科学，他发现自己在受某件事情的困扰，用加德纳的话就是：在课堂上，同学们总是盯着自己的手机，发短信、刷脸书等，就是没人听讲。他俩对这个问题讨论得越多，就越反感这种行为。他们想：如果技术会导致手机上瘾，那也应该有办法解决这个问题。于是，他们设计了一个名为 Pocket Points（口袋点数）的 App（应用程序）——只要学生在课堂上不玩手机就能获得奖励。采用"地理围栏"技术［圈定了校园的 GPS（global positioning system，全球定位系统）"围栏"］，该 App 能感知到学生何时进入了校园范围并自动锁定他身上的手机。当学生身处校园，只要手机上该应用开启（手机锁定），就能获得积分。积分可以在当地商店兑换咖啡、酸奶等。而一旦离开校园范围，手机就会自动解锁。学校是他们的 App 首发的地方，几周之后，全校 1/3 的学生都在用它。惊异于 Pocket Points 的反响，他们在宾夕法尼亚州立大学也进行了推广。同样，几周时间内，大约 1/3 的学生投入了该 App 的怀抱。

地方报纸为此写了篇报道。事情就是那么巧，加利福尼亚州立大学奇科分校另一初创公司成功传奇——Build.com 的首席执行官克里斯·弗里德兰（Chris Friedland）看到了这篇文章。他约见了两位初出茅庐的学生，而且非常喜欢他们和他们的 App，不仅对此投资，还成为他们的导师。有了弗里德兰的投资，二人的事业开始腾飞。当到别的学校推广 Pocket Points 时，他们会利用兄弟会的关系雇用几个校园"大使"。这些"大使"四处宣传这个 App，低成本地开展业务。该 App 如今已入驻上百所学校，且采用率接近 50%。还有 1200 多家商店使用 Pocket Points 对学生进行营销并提供积分兑换服务，如必胜客、星巴克之类的在线商店。

2016 年 1 月，Pocket Points 开始对店铺收取广告费，对在线商店收取联营费。仅仅几个月时间，收益就达到每月 5 位数的健康值，而且在快速增长。

四、创新的原则

（一）科学性原则

创新必须遵循科学技术原理，不得有违科学发展规律。因为任何违背科学技术原理的创新都是不能获得成功的。

（二）市场评价原则

创新设想要获得最后的成果，必须经受走向市场的严峻考验。创新设想经受市场考验，实现商品化、市场化要按市场评价原则来分析。其评价通常是从市场寿命观、市场定位观、市场特色观、市场容量观、市场价格观和市场风险观六个方面入手，考察创新对象的商品化和市场化的发展前景。而最基本的要点则是考察该创新的使用价值是否大于它的销售价格，也就是要看它的性能是否优良、价格是否合适。

（三）择优性原则

创新产物不可能是十全十美的。在创新过程中利用创造原理和方法能够获得许多创新设想，它们各有千秋，这时就需要人们遵循较优性原则，从创新技术先进性、创新经济合理性、创新整体效果性等方面对设想进行判断选择。

（四）简洁性原则

在现有的科学水平和技术条件下，如不限制实现创新方式和手段的复杂性，所付出的代价可能远远超出合理程度，使得创新的设想或结果毫无使用价值。在科技竞争日趋激烈的今天，结构复杂、功能冗余、使用烦琐已成为技术不成熟的标志。因此，在创新过程中要始终贯彻简洁性原则。

五、创新的阶段

英国心理学家伊曼纽尔·沃勒斯坦（Immanuel Wallerstein）提出了创新的"四阶段理论"。该理论认为创新应包括准备阶段、酝酿阶段、顿悟阶段和检验阶段四个阶段。

（一）准备阶段

这是创新过程的基础阶段。这一阶段的特点主要是在积累知识的过程中发现和解决问题，确定创造的方向和目标。在这个阶段，提出问题、收集资料和提出假设是最为重要的步骤。

1. 提出问题

创新者能明确地提出问题就等于问题已经解决了一半。为了能正确地提出问题，必须先了解引发问题的原因，以及在解决问题时已具备的前提条件。

2. 收集资料

在这一阶段，必须着手挖掘一切行之有效的方法，即尽可能地围绕问题收集资料、形成概念、储存经验，以便为进行创新活动奠定良好的基础。没有资料，分析问题就缺乏客观的依据，创新就如同失去了根基，便会成为空中楼阁。

3. 提出假设

创新都是以假设为前提的，只有进行可行性的假设，才能从不同的事物中发现共同的东西，从未知的事物中找出已知的东西，从已知的事物中预测未知的东西。有了假设，特别是想象假设，才能发现自然界和社会生活中的新规律，成为新事物的发明者和创新者。

（二）酝酿阶段

这是创新过程的运作阶段。酝酿阶段是对各种材料进行深入细致的分析，进行消化、吸收，并提出问题和解决方案的过程。这一阶段是创造性思维过程中最为艰苦的阶段，也是智力和意志活动付出最大努力的阶段。

为了把自己调整到创新的状态上，创新者必须摆脱熟悉的思考模式以及对某事的固定成见，改变看问题的习惯方式。为了避免习惯的"智慧"束缚，我们可以运用以下几种方法。

1. 群策攻关法

群策攻关法是美国广告行业的重要人物艾利克斯·奥斯伯恩（Alex Osborn）于 1963 年提出的一种方法，它建立在与他人一起工作从而产生独特的思想，并创新地解决问题的基础上。在创新攻关期间，一般是几组人在一起工作，在特定的时间内大家提出尽可能多的思想，但并不对它们进行判断和评价。因为这样做会抑制思想自由的流动，阻碍人们提出建议。批判的评价可推迟到后一个阶段。

2. 创造"大脑图"

"大脑图"是一个具有多种用途的工具，它既可用来提出观点，也可表示不同观点之间的多种联系。在一张纸的中间写下主要的话题，然后记录所有与这个话题有联系的观点，并用线把它们连起来；让大脑自由地运转，跟随它一起建立联系。通过尽可能快地工作，反映出大脑自然地建立联系和组织信息的方式；在新的信息和不断加深理解的基础上，修改其结构或组织。

3. 做好梦境记录

为了有效捕捉梦境中的创意灵感，建议在梦醒时分尽快记录下所能回忆起的梦境内容。通过深入分析梦境中的元素，或许能够发掘出具有创新价值的想法和观点。应确保在记录梦境时保持客观、理性，并避免过度解读或虚构梦境中的情境。

（三）顿悟阶段

这是创新过程的收获阶段，常常被称为"直觉的跃进""思想上的光芒"。顿悟是与直觉和灵感具有一定联系的思维现象。进入这一阶段，问题的解决一下子变得豁然开朗，思维范围扩大，以往百思不得其解的难题会瞬间破解。必须指出，顿悟和灵感绝不是什么神秘的东西，也不是无法说清的东西。顿悟同前面的准备和酝酿是分不开的。顿悟如果离开人们长时间的实践，离开高度集中化与紧张化的思考，是不可能产生的，它是一个人长期实践、长期思考、艰苦劳动的产物。

（四）检验阶段

这是创新过程的反思阶段。只有通过验证，才有可能证实创造成果的价值。经历了顿悟阶段之后，创造性思维已经获得了初步的思维成果，提出了一定的假设和解决问题的方案。但是，通过灵感获得的结果未必合理，所以还要通过严密的逻辑推理或实验操作对这一结果的合理性进行检验。在验证过程中，可以发现原有设想的不足和缺点，从而对其进行修正、补充，使其逐步完善。也可能这一假设经受不住考验被全盘否定，但创新者在这一过程中对材料进行了深入细致的分析与思考，为新思路的提出奠定了坚实的基础。

六、创新意识

创新意识是指人们根据社会和个体生活发展的需要，引起创造前所未有的事物或观念的动机，并在创造活动中表现出的意向、愿望和设想。它是人类意识活动中的一种积极的、富有成果的表现形式，是人们进行创造活动的出发点和内在动力，是产生创造性思维和创造力的前提。

创新意识包括创新动机、创新兴趣、创新情感和创新意志。创新动机是创新活动的动力因素，它能推动和激励人们进行具有创新性的活动；创新兴趣能促进创新活动的成功，是促使人们积极探求新奇事物的心理倾向；创新情感是引起、推进乃至完成创新的心理因素，只有具有正确的创新情感才能使创新成功；创新意志是在创新中克服困难、冲破阻碍的心理因素，具有目的性、顽强性和自制性。

七、大学生创新意识的培养

创新是一个民族进步的灵魂，是一个国家兴旺发达的不竭动力。创新意识和创新思维是创新教育的核心。要想培养学生的创新能力，必须培养学生的创新意识。21世纪是知识经济时代，知识经济的本质就是创新，培养创新意识是对新时代大学生提出的基本要求，也是大学生必备的素质。

（一）破除创新思维枷锁

影响大学生进行创新的枷锁大致有五种，即从众型思维枷锁、权威型思维枷锁、经验型思维枷锁、书本型思维枷锁、自我贬低型思维枷锁。对大学生来说，思维枷锁就像一座监狱，只有将守旧观念丢掉，勇于冲破思维藩篱，才能走进创新的世界。

（二）充分激发创新思维潜能

1. 精通所学，兴趣广泛

创新绝不是无本之木、无源之水，唯有打牢知识的基础，创新才有可能。因此，大学生应精通所学课程，并培养广泛的阅读兴趣。

2. 处处留心皆学问

学习绝不仅限于课堂和读书，事实上，学习无处不在。与他人交流是学习，上网是学习，看电视也是学习，其关键在于是否用心。例如，看古装电视剧时可以了解一些历史知识，如古人的习俗、衣着、饮食习惯、家具陈设以及计谋等；看现代电视剧可以了解当代年轻人的所思所想所为等。

3. 理论与实践相结合

读万卷书，行万里路，唯有理论与实践相结合，理论才有意义。大学生应该活读书、读活书，而不应死读书、读死书。只有精通理论，才可能改进实践；只有拥有丰富的实践经验，才可能产生新的理论。

4. 打破砂锅问到底

大学生要培养自己的创新意识，应富有怀疑精神，探究各种事物的本源及其实质。

5. 投身社会实践

实践是检验真理的唯一标准，要想开发大学生的创新意识，培养大学生的创新能力，必须让大学生投身于社会实践中。只有在实践中才能找出想与做的差距，创新理念才能变为现实，创新意识、创新能力才能得到真正的发展。

【案例】

1939 年，前身为爱迪生实验室的美国通用电气公司发现，尽管公司大学毕业生比以前增加不少，但新发明、新发现、新产品、新技术的开发以及新专利的申请大大少于爱迪生实验室时代，这不能不引起公司决策层的重视。经认真细致的分析研究，终于找到了原因。原来这些大学生尽管学业成绩非常出色，但在学校时都没有学过怎样进行创新，对怎样提出意见、怎样从事创造发明的知识和方法了解得很少，更缺乏这方面的实际经验和切身体会，因此他们的创新意识薄弱，创新能力不强，只习惯按部就班地干一些机械性、模仿性的技术工作。

为了改变这一状况，公司组织人员总结了爱迪生生前从事创造发明的方法和经验，编写了一套"创造工程培训班"的教材。经过系统的培训，职工的创新能力和水平大大提高，申请发明专利的数量比培训前提高了3倍。同时，美国纽约天联广告公司副经理亚历克斯·奥斯本（Alex Osborn）总结了一系列创新思考的方法和创造技法，于1941年出版了《思考的方法》一书，在美国引起了一场创新思维的学习推广热潮。由于奥斯本对创造学的研究和推广起了开拓和奠基的作用，他被后人誉为"创造学之父"。

第二节　创业与创业精神

一、创业的定义

创业概念的提出是与经济发展密切相关的。创业往往和高职院校学生的就业问题联系在一起。虽然创业一直备受关注，但学界对创业还没有一个统一的定义，不同学者从各自不同的视角对创业提出了不同界定。

（一）语源学的理解

在中国传统文化中，"创业"一词最早出现是与"垂统"连用的。《孟子·梁惠王下》中有"君子创业垂统，为可继也"，意思是创立功业，传给后代子孙。这样的含义在古汉语中沿用了几千年。诸葛亮《出师表》曰："先帝创业未半而中道崩殂。"汉代张衡《西京赋》曰："高祖创业，继体承基。"清代昭梿《啸亭杂录·洛翰》曰："高皇帝创业之初，有洛翰者，本刘姓，中原人。"在中国古代，"创业"一词多有开拓疆土、创建功业的意思，带有封建君主建功立业的色彩。进入近现代，"创业"的含义在古汉语的基础上有了全新的发展。"创业"一词有着较宽泛的解读，"创"即开始、创造、开创、设立；《现代汉语词典》对"业"的解释是学业、事业、功业、家业、产业、职业、行业等。在现代社会中，"创业"被普遍用于描述开创某种事业的活动，与保持前人已有成就和业绩的"守业"是相对的。《辞海》中对"创业"的界定是创立基业、事业，指开拓、创立个人、集体、国家和社会的各项事业以及所取得的成就。创业的主体已从古代的君主转变为老百姓，创业的内容也从开拓疆土、创建功业转变为一切能够创造新事物、新价值的活动。从"创业"一词在汉语中所表达的意思分析，"创业"

一般强调三层含义：①强调创业开端的艰辛和困难；②突出创业过程的开拓和创新意义；③侧重于在前人的基础上有新的成就和贡献。

创业的英文有两种，一种是动词"venture"，另一种是名词"entrepreneurship"。"venture"侧重于表现"创业"的行为活动。在现代企业领域，往往使用"venture"来表示创业增长的态势。"entrepreneurship"经常与"enterprise"互换使用，往往表示静态的创业状态或创业活动，是从企业家、创业家的角度理解创业的。

（二）中西方学者的解释

从总体上说，国外对"创业"概念的研究要比国内早。作为经济活动的"创业"在欧美国家已有几百年的发展历史，"创业"的概念在国外商业领域也已经使用了200多年。然而国外的专家、学者对"创业"这一概念也没有达成统一的具有权威的认识。最早对"创业"一词进行界定的是18世纪的经济学家理查德·康蒂隆（Richard Cantillon），他认为创业隐含了承担以确定价格买进而以不确定价格卖出的风险。此后，国外的学者从未停止对"创业"内涵的研究，"创业"的概念也在不断地演变和发展。

1934年，美籍奥地利经济学家约瑟夫·熊彼特（Joseph Schumpeter）首次将"创业"的概念与"创新"联系起来，认为创业的本质是创新，创业的过程就是创新的过程，创业者通过创新克服自由市场经济的内在矛盾，从而促进经济的增长。1989年，哈佛大学教授霍华德·斯蒂文森（Howard Stevenson）把创业定义为不拘泥于当前资源条件的限制下对机会的追寻，将不同的资源组合以利用和开发机会并创造价值的过程。在精神层面，创业代表着一种以创新为基础的做事与思考方式，这是个人及企业在日益复杂和不确定的世界中生存的最佳武器；在实质层面，创业代表了发掘机会，组织资源建立新企业或开展新事业，进而提供新的市场价值。与创新相比，创业更强调机会、顾客和价值创造。

1999年，美国教育家杰弗里·蒂蒙斯（Jeffry Timmons）提出，创业是一种思考、推理和行为方式，这种行为方式是机会驱动、注重方法和与领导相平衡。创业导致价值的产生、增加、实现和更新，不只针对所有者，也针对所有的参与者和利益相关者。

此外，1999年美国巴布森学院和英国伦敦商学院联合发起、多国研究者参与的"全球创业检测"项目将"创业"界定为依靠个人、团队或一个现有企业来建立一个新企业的过程，如自我创业、一个新的业务组织或一个现有企业的扩张。

自改革开放以来，"创业"一词在我国社会中得到了广泛的普及和应用。市场经济体制和商品经济的迅猛发展为普通百姓提供了众多实现财富增长的"创业之路"。创业作为一种新兴的经济活动吸引了众多专家、学者的眼球，成为他们研究的对象。目前对创业的定义大致可以归纳为三种不同的类型，即价值说、功利说和实体说。三者的差异表现在对创业实质的理解上，即分别认为创业是"创造价值""创造财富或利润""创建企业"。

（三）本书的界定

笔者发现，无论是国外专家还是国内学者，由于研究创业行为的视角不同，得出的研究结论也不同。创业是一个横跨经济学、社会学、管理学、人类学、心理学等多个学科的复杂活动现象。尽管确定一个明确的、广为接受的定义非常困难，但进行尝试还是很有必要的。在总结、借鉴前人研究成果的基础上，笔者结合国内实际，从广义和狭义两个角度对创业进行界定。广义的创业是指人类创造新的事业、基业的活动，包括一切具有开拓意义的社会变革行为；狭义的创业将创业界定为一个过程，在此过程中，创业者（包括个人或团队）作为主体，利用一切外界资源和力量去寻求机遇，通过创办企业来创造价值并谋求发展。本书中的"创业"主要指狭义的创业。

二、创业的科学内涵

综合以上对创业的理解，笔者认为，创业是指发现市场商业机会，将拥有的资源进行整合，通过创建企业或企业组织结构创新，将商业机会转化为盈利模式，从而创造出更多财富和价值的过程。创业有广义和狭义之分。广义的创业是指创业者的各项创业实践活动；狭义的创业是指创业者的生产经营活动，主要是开创个体和家庭的小企业。

从以上关于创业的定义可以看出创业有以下几方面的含义。

第一，创业的潜在价值需要通过市场来体现，即市场是实现财富的渠道。第二，创业的本质在于对商业价值的发掘与利用，即要创造或认识到事物的商业用途。

第三，创业的目的是创造财富、实现人生价值。创业者进入市场、创建实业，是生活态度和生活方式的巨大转折，是为自己创造一个发挥才华、施展抱负、奉献社会、实现人生价值、报效国家的舞台。

三、创业的特点

（一）创业是主动进行的创造活动

知识经济的不断发展，对人们的素质提出了新要求。在此背景下，人们会主动寻找一种新的生存理念和生存模式来改变原有的生活方式，提高生存能力。

（二）创业是创造价值的过程

创业是对社会资源的重新组合、配置和利用，创造更多价值、新事物的过程。

（三）创业带有一定的风险

创业环境的不确定性，创业机会与创业企业的复杂性，创业者、创业团队与创业投资者的能力与实力的有限性，都会给创业带来一定的风险，导致创业失败。

除以上特点外，大学生创业还具有以下特点：①大学生创业具有激情性。刚进入社会的大学生年轻、有活力，勇于拼搏，无太大负担，具有较强的社会适应能力；自信心较强，对自己认准的事物具有激情。②大学生创业具有知识性。大学生通过在学校的专业学习，掌握了一定的专业技能及专业知识。③大学生创业具有创新性。大学生思维活跃，能够较快地接受新事物，创意新、点子多。④大学生缺乏创业经验。大学生意气风发，对创业满怀希望，但难免经验不足，缺乏对市场的了解，对风险和困难的抵抗力较为薄弱。

四、创业的类型

创业类型的划分有多种方式，比较常见的是按照创业动机、创业起点、创业项目类型、创业方向或风险以及创新内容进行划分。

（一）按创业动机划分

按创业动机划分，创业可分为机会型创业与就业型创业。机会型创业是指创业的出发点并非谋生，而是为了抓住、利用市场机遇；就业型创业是指创业者为了谋生而自觉或被迫地走上创业之路。

（二）按创业起点划分

按创业起点划分，创业可分为创建新企业和企业内创业。创建新企业是指创业者个人或团队从无到有地创建全新的企业组织。这个创业过程充满挑战和刺激，个人的想象力、创造力可得到最大限度的发挥，但风险和难度也很大，创业者往往缺乏足够的资源、经验和支持。企业内创业是指在现有企业内的有目的的创业过程。

（三）按创业项目类型划分

按创业项目类型划分，创业可分为传统技能型创业、高新技术型创业和知识服务型创业。传统技能型创业是指使用传统技术、工艺的创业项目；高新技术型创业是指知识密集度高，带有前沿性、研究开发性质的新技术、新产品项目；知识服务型创业是指为人们提供知识、信息的创业项目。

（四）按创业方向或风险划分

按创业方向或风险划分，创业可分为依附型创业、尾随型创业、独创型创业和对抗型创业。依附型创业是指依附于大企业或产业链而生存，为大企业提供配套服务，或者使用特许经营权的创业；尾随型创业是指模仿他人创业，"学着别人做"；独创型创业是指提供的产品或服务能够填补市场空白的创业；对抗型创业是指进入其他企业已形成垄断地位的某个市场，与之对抗较量的创业。

（五）按创新内容划分

按创新内容划分，创业可分为基于产品创新的创业、基于营销模式创新的创业和基于组织管理体系创新的创业。基于产品创新的创业是指基于技术创新或工艺创新等产生了新的消费群体，从而导致创业行为的发生；基于营销模式创新的创业是指采取有别于其他厂商的市场营销模式，因而有可能给消费者带来更高的满意度；基于组织管理体系创新的创业是指采取有别于其他厂商的企业组织管理体系，因而能够更高效地实现产品的商业化和产业化。

五、创业的原则

（一）适应性原则

创业初期，不适宜选择不切合实际的大型项目，要选择感兴趣、熟悉的项目进行创业，至少在创业之前已经跟别人学习过，或者进行了较长时间的调研分析，对项目有一个清晰的认知，尤其是对风险的认知。

（二）市场性原则

对初创者来说，创意很重要。但是，产品的市场和销售往往比创意更重要。往往有很多创业者认为自己发现了一种新的商业模式，但在实际操作中会发现行不通。没有销售渠道，再好的创意也无法变现。所以，在创业的初始阶段，相对于好的创意，怎样把产品或服务卖出去更为重要。

（三）资金可控性原则

现金流是一个项目的"血液"，能够带来持续发展的激情。无论现金流是来自真实的收入还是投资，都要尽早实现现金流入，避免创业过程中由于现金流中断而带来的亏损问题。同时，要有止损底线，要敢于下决心喊停。

（四）实践性原则

创业者一定要对自己的事业有掌控力，但凡能做出一番成绩的创业者，初期一定是亲力亲为的舵手，不仅把握方向，还要渗透到项目细节、客户维系和具体运营之中。

（五）目标性原则

创业初期，目标一定要简单清晰，要了解目标聚集战略，将资源、资金和人力、精力集中于某一项主业上，避免"系统化""整合"等多元化的发展战略和目标。

六、创业的过程

创业过程包括从产生创业想法到创建新企业并获取回报的整个过程，通常可分为以下几个主要环节。

（一）产生创业动机

创业动机是创业的原动力，它推动创业者去发现和识别市场机会。创业活动的主体是创业者，创业活动首先取决于个人是否希望成为创业者。创业动机不仅是打算创业的一时冲动，更是对创业目标与预期收益的深思熟虑。

（二）识别创业机会

识别创业机会是对可能成为创业机会的诸事件的分析和对创业预期结果的判断。创业机会一般分为两种：一种是意外发现的；另一种是经过深思熟虑才发现的。国家产业政策的调整、新技术的出现、人口和家庭结构的变化、人们的物质和精神需求的变化、流行时尚等都可能形成创业机会。创业者应该具有敏锐的嗅觉，能够及时、准确地识别创业机会，将知识、经验、技能和其他市场所需的资源进行整合。

（三）整合资源

资源是创业的基础性条件，整合资源是创业者抓住机会的重要手段。强调整合资源，是因为创业者可以直接控制的可用资源往往很少，许多成功的创业者都有白手起家的经历。创业者需要整合的资源包括基本信息（有关市场、环境和法律问题）、人力资源（合作者、最初的雇员）、财务资源等。

（四）创建新企业

创建新企业需要进行大量的准备工作，其中创业计划、创业融资和注册登记尤为关键。创意能否变成行动，关键看其能否形成一个周密的创业计划；资金往往成为创业企业的"瓶颈"，创业融资在企业的创建过程中至关重要；在创业者完成创业计划并获得融资之后，就可以按照法定程序进行注册登记，包括确定企业的组织形式、设计企业名称、向工商行政管理机关提出企业登记注册申请、领取营业执照等。

（五）实现价值

创业者整合资源、创建新企业的目的是实现价值，并通过实现价值来实现创业目标。

（六）获得创业回报

创业回报是创业活动的目的，有助于增强创业者对事业的执着程度。

七、创业精神的内涵

哈佛商学院认为，创业精神就是突破现有资源限制而追求商机的精神。从这个角度来讲，创业精神是突破资源限制，捕捉和利用机会，敢于承受必需的风险，为创造新的某种价值努力发挥创造力，实现创新的一种心理过程。

（一）创业精神的灵魂是创新

创业精神蕴含创新。创业精神是一个创新过程，在这个过程中，新产品或服务机会被确认、被创造，最后开发出来产品并创造新的财富。缺乏创新，就不会有新企业的诞生和小企业的成长壮大。

（二）创业精神的天性是冒险

没有甘冒风险和勇担风险的勇气，就不可能成为创业者。虽然中外无数创业者的成长环境、成长背景和创业机缘各不相同，但无一例外都是在条件极不成熟和外部环境极不明晰的情况下敢为人先，勇于做"第一个吃螃蟹的人"。

（三）创业精神的精髓是合作

在当今社会，行业分工越来越细，没有谁能一个人完成创业所需要完成的所有事情。真正的创业者都是善于合作的，而且能使企业的每个员工都拥有合作精神。面临困境时，团队成员能团结一心，"心往一处想，劲往一处使"。

（四）创业精神的本色是执着

创业的道路是坎坷的，选择了创业就是选择了面对更多困难、迎接更多挑战，而创业精神就体现在战胜困难与挑战的过程中。因此，创业者必须坚持不懈，只有知难而进、在战胜困难中学会成长，才能抓住成功的机会。

八、大学生创业精神的培养

（一）树立"广谱式"创业精神培育观

2015 年 5 月，《国务院办公厅关于深化高等学校创新创业教育改革的实施意见》明确指出创新创业教育"面向全体、分类施教、结合专业、强化实践"的基本原则，并明确了"普及创新创业教育"的总体目标。因此，要从学生做起，广泛而持久地开展创新创业教育。

（二）培养全面发展的能力

第一，大学生要培养自己的创新思维能力，善于在已有经验的基础上，发现新事物、创造新办法，从而解决新问题。第二，大学生要勇敢面对挫折，具有坚定的创业意志品质。第三，大学生要培养吃苦耐劳的精神。吃苦耐劳的精神是指一个人在面对困难并克服困难的过程中，磨炼出的一种比较坚定的、持续的意志品质和顽强的精神。大学生在平时生活中必须抵制奢侈浪费、见利忘义、拜金主义、过度追求物质享受等不良社会思潮的渗透与蔓延，消除其带来的不利影响。第四，大学生要培养危机意识。当今市场竞争越来越激烈，如果缺乏危机意识，离成功也会越来越远。大学生可以通过创业竞赛、创业实践来培养自己的危机意识。第五，大学生要不断充实创业知识。创业精神为创业提供精神、思想上的支持，而创业知识则是创业的能力、素质基础，因此大学生要认真学习创业知识，如金融知识、法律知识、管理学知识等，努力做好创业准备，以便在实践中从容应对挑战。

（三）在课外活动中培育创业精神

课外活动又被称为"第二课堂"，是大学生创业精神培育的重要载体。课外活动中的专业社团活动、挑战赛、创新创业工作坊活动等，均对大学生创业精神培育起着润物无声的作用。对大学生来说，一方面要积极参加社会实践活动。社会实践活动对大学生来说主要包括到企业实习和利用寒暑假、周末做兼职等。通过以上社会实践，大学生可以丰富自己的社会阅历，以便发现商机。另一方面要积极参加学校组织的各项各类第二课堂活动。大学生应积极利用创业园等学校提供的创业实践平台，通过创业亲身实践，体会创业艰辛，从而提高自己的抗压能力，磨炼自己的意志品质。

第三节　创新与创业的关系

一、创新是创业的原动力

创新理论的奠基人熊彼特认为，"创新"就是建立一种新的生产函数。也就是说，把一种从来没有过的关于生产要素和生产条件的新组合引入生产体系。

现代管理大师彼得·德鲁克（Peter Drucker）认为，创新是赋予资源以新的创造财富的能力的行为，是系统地抛弃昨天，在市场薄弱的地方、在新知识萌芽的时期、在市场的需求和短缺中寻找新机会。诺贝尔经济学奖获得者埃德蒙德·费尔普斯（Edmund Phelps）指出，创新就是大众参与的"草根创新"，它是国内"土生土长"的，一个经济体创新的意愿和能力来自经济体的内部而不是外部。如果新产品没有市场意义，未能在经济层面取得成功，那只能算是发明，而不是创新。

从概念上讲，创新是以新思维、新发明和新描述为特征的一种概念化过程。它有三层含义：①更新；②创造新的东西；③改变。创新是人类特有的认识能力和实践能力，也是一个人快速成长的推动力。从认识的角度说，创新就是更有宽度、更有深度地观察和思考这个世界；从实践的角度说，创新就是能将这种认识作为一种日常习惯融入日常的学习工作，做到每时每刻都在创新，所以创新是无限的，也是无止境的。

创新在经济、社会、科学等的研究中有着举足轻重的地位。在我们的创业中，创新同样有着举足轻重的地位，许多公司把创新能力作为考察员工能力的一个重要方面。在创业的道路上，创新可以为我们的发展做更好的铺垫，使我们前进的道路更加简单、更加方便。创新是一个民族进步的灵魂,无论什么时候,一个人和一个国家想在这个社会上拥有强者的地位,就必须不断创新。总体而言,狭义的创新就是把技术和经济结合起来,涉及从新思想产生到产品设计、生产、营销和市场化等一系列行动;广义的创新力求将科学、技术、教育等与经济融合起来,不仅要生产思想,还要利用别人生产的思想,表现为不同参与者和机构(包括企业、政府、学校、科研机构等)之间交互作用的网络,任何一个网络节点都可能成为创新行为实现的特定空间。

不是所有的创新活动都能够成功。创新的道路和过程是艰难的,不可能一蹴而就,更不会一帆风顺。那么我们在生活中要如何开拓创新呢?首先,要敢于标新立异,不能墨守成规,要有开放的思想、快速发现问题的能力,在工作或学习中多多思考,凡事不能浅尝辄止;其次,要有敢于提出问题的勇气,要大胆设想,敢想敢做,但不是鲁莽地做,一定要经过仔细思考,从而做到理性创新。

创新过程中最可贵的精神是不轻易说"不"。要相信自己,不怕失败。失败与成功,失去与得到,总是相对的。有付出,才有收获。在创新的过程中,一时的失败是常有的。面对失败,既不应退缩,更不能放弃。屡遭挫折,只要不屈不挠,坚持不懈,总能走向胜利。真正的失败往往是一次失败之后便失去了斗志,从此一蹶不振。成功往往来自从失败中奋起,在失败中找经验,从而在失败中前进。

二、创新与创业相辅相成

创业与创新是两个不同的领域,将二者放在一起强调,是因为二者是一对"孪生兄弟",关系密切。创业是创新的载体,创新是创业的动力。从创业和经济学的角度来看,创新的目的是支持企业生产出消费者愿意购买的商品。因此,创新离开了创业这个载体,就是闭门造车,其成果将被束之高阁。科研脱离实际、产学研脱节的现象,就是科研技术创新不能以创业作为载体的佐证,而在创业的过程中,企业不思进取,不锐意创新,最终也会被市场和消费者抛弃,以至于破产关门。

企业因不创新而失败的例子比比皆是:曾经风光无限的手机巨头摩托罗拉、诺基亚、爱立信在苹果和三星智能手机创新大潮的冲击下逐渐退出了人们的视野;相机胶卷巨头柯达也在数码相机的冲击下走下神坛,走向没落。

因此,创业是推动创新的重要平台,而创新则是激发创业的重要动力。基于这一认识,《国务院关于大力推进大众创业万众创新若干政策措施的意见》(以下简称《意见》)明确强调了创新创业的重要意义,即支持各类市场主体积极开展新业务、研发新产品、开拓新市场，以培育新兴产业，推动形成小企业蓬勃发展、大企业实力雄厚的格局。通过这种方式，可以实现创新驱动发展，为经济发展注入新的动力。同时，《意见》还指出，推进大众创业、万众创新是扩大就业、实现富民之道的根本举措。《国务院办公厅关于进一步支持大学生创新创业的指导意见》也强调了创新创业对促进创业活动、增加企业数量和创造更多就业机会的重要作用。通过创新创业的共同推动，可以形成经济发展的新动能，实现更加稳健和可持续地发展。

创业是创办企业，为市场上的消费者生产产品或提供服务，创业者只有从消费者的需求出发，生产或提供满足消费者需要的产品或服务，才能生存并发展下去。换句话说，创业能否满足消费者的需求，取决于产品是否有用、是否好用、是否价格合理、是否新颖、是否与众不同、是否方便购买等。为此，创业者只有在产品功能、产品质量、产品成本、产品设计、生产工艺、生产流程、销售方式等方面不断适应消费者的需求变化，不断创新，才能立于不败之地。因此，创业者必须创新，以创新推动企业的发展。

对创业者来说，创新不是科技发明，而是技术应用创新，是开发新的产品，采用新的生产方法和新的工艺流程，构建新的组织形式，采取新的营销模式，以适应消费者追求新产品、个性化产品、高性价比产品、便利购买产品的诉求。新产品的开发可以满足消费者变化的需求，消除审美疲劳；个性化产品的生产可以满足消费者追求与众不同的差异化需求；高性价比产品可以使广大消费者以合理的价格买到质量稳定的产品；便利购买的产品可以使消费者方便获得产品，节约时间和成本。

创业和创新不能截然分开，要组合在一起同时开展，二者有主次，不能偏废。创业是创新的载体，没有创业，再好的创新也没有存在的可能。而创新是创业的动力，只创业不创新也就成了没有生命力的病体，最终会消亡。

创业不等于创新，创新也不等于创业，两者有明确的研究边界，但并非相互独立，而是有着不可分割的内在联系。简单地讲，首先，创新是建立一种新的生产函数，是引进生产要素的新组合；而创业则是这种新组合的市场化或产业化实现的过程。其次，创业的关键在于创新，创新是创业的源泉，持续创新必然推动和成就创业成果的商品化、市场化，因而创业使得创新的经济价值、社会价值得以实现。最后，创业与创新正呈现出越来越显著的融合趋势，这种融合是一个动态整合、集成的过程，并非只发生在新企业启动或创建阶段，而是贯穿创业和成长的整个过程，在这一过程中，创新精神、创业能力和市场意识始终是创业成功和持续成长的内在动力。创新与创业是两个不同的概念，有着一定的区别，但是两个概念之间存在着本质上的契合、内涵上的相互包容和实践上的互动发展。

三、创新与创业的区别

（一）内涵不同

从定义上看，创业是创造新的商业，而创新是在市场中应用一种发明；创业可能涉及创新，或者并不涉及，创新可能涉及创业，或者并不涉及。创新泛指创新成果被商业化的价值实现过程，而创业则特指创建企业的过程。创新完全可以在已有的企业组织框架内实现，不一定涉及企业组织制度的建设；而创业必然涉及企业组织制度的建设。

从内涵上讲，创新主要是从经济与技术相结合的角度探讨技术创新在经济发展过程中的作用；创业是一个新的非生命市场参与者的创造过程（新商业的诞生）。创业强调的是"企业从何而来""人们为什么创建新的商业""商业是如何被创造的"等；而创新是对生产函数包括生产力、科学技术、生产资料、生产工具及劳动力和生产关系的建立等。

（二）研究侧重点不同

创新作为创业的手段，是独有的东西，它是思想的表达以及过程，就是为社会增添新的东西，偏重于理论的分析。创业偏重于实践的过程，即个体建立自己的事业，追求自己想要的成功。

四、创新与创业的联系

（一）主体的一致性

首先，实施主体是一致的。创业者在进行创业时，重要的创业资本是核心技术、创业知识、运作资金、创业团队、创新能力等，其中创新能力是最重要的。创业者在创业过程中需要具备创新意识和创新精神，需要独特和新颖的创新思维，产生富有创意的独特想法，寻求解决问题的新的思路和方法，不断克服企业发展中的瓶颈和难题，最终才能取得创业的成功。

其次，价值主体是一致的。创新的价值在于创业，创业蕴含价值创新。创新的价值就在于将潜在的知识、技术和商机转化为产品与服务，能够创造财富，实现企业再创业，通过将创新成果进行商品化和产业化，实现社会财富的增值；每一个创业能够取得成功，必然内在地存在着价值创新。

（二）时序的一致性

从创新的时效性看，企业创新特别是在科技成果推向市场的过程中一般总是从产品创新、技术创新开始的。一种新的市场需求总是表现为产品需求，因而在创新初期，企业的创新活动主要是产品创新。一旦产品被市场接受，企业就会把注意力集中在过程创新上，其目的就是降低生产成本，改进生产工艺，提高生产率。当产品创新和过程创新进行到一定程度时，企业的创新注意力会逐渐转移到市场营销创新上，目的是提高产品的市场占有率。在这些创新重点的不同时序上，还会伴随着必要的管理创新和组织创新。可见，利用科技成果进行创业在时序上是一个连续的过程。

【案例】

故乡的呼唤——清华大学研究生薛瑞海回乡创业纪实

在山东省胶州市，南三里河村党支部书记薛瑞海是个"名人"。他出名，不仅是因为他有着赴法国留学的背景，有着山东工业大学本科和清华大学工商管理研究生学历的"光环"，更主要的是他在2003年5月10日毅然返乡，甘当一名"不拿一分钱工资"的村支部书记。上任后，薛瑞海花了一个多月的时间，挨家挨户走访村民，了解村民的想法，摸清村庄情况。他组织人员开始跑青岛、进北京四处收集材料，经研究发现，有着1000多年栽培历史的胶州大白菜原产地就是南三里河村。这种白菜具有质柔嫩、味甘甜、汁白如乳、营养丰富、纤维细、叶帮白、产量高等特点。基于以上调研，在村民大会上，薛瑞海向乡亲讲起了胶州大白菜历史上的辉煌，讲起了"复活"胶州大白菜蕴含的巨大商机，决定先建一个5亩（1亩约等于667平方米）的胶州大白菜示范基地，并为此成立了村集体所拥有的专业公司进行运作。

为了找回胶州大白菜的特色，使种出来的大白菜符合绿色无公害有机食品的生产标准，南三里河村聘请了农业技术人员对大白菜基地进行长期现场指导。薛瑞海把在大学学到的企业经营管理模式运用到了大白菜基地的管理上，在培育、生产上严格按照绿色无公害生产规程执行，并注册了"三里河"大白菜商标；在包装上进行规范化，销售上实行"坐地销售"，杜绝了销售中的假冒行为。当年，其他品种的大白菜价格降至每斤几分钱，而南三里河村大白菜基地的白菜却卖出了30元两棵的高价。如今，胶州大白菜及其深加工产品正销往世界各地，其品牌价值已达13.65亿元。

第四节 用社会主义核心价值观引领大学生创新创业

在社会主义核心价值观的引领下开展创新创业教育，以培养具有爱国、敬业、诚信、友善优良品格的大学生创业者，不断增强他们的创新精神和创业能力，这正是践行社会主义核心价值观的体现。

一、社会主义核心价值观为大学生创新创业明确了方向

当下，大学生自主创业成了解决就业的良好途径，然而我国大学生自主创业的实际人数占大学生总数的比例不高。大学生在实际创业过程中热情高，实践少。由于缺乏经验和创新力，大学生自主创业的科技含量不高，成功率低；在实践过程中不够注重合作和协商能力，很难保持创业企业的持久性；在经营过程中风险意识不够，对行业、企业的发展做不到深度审视，遇到挫折容易退缩。培育和践行社会主义核心价值观为科学推进大学生创新创业指明了方向。

首先，社会主义核心价值观的教育使大学生在创业过程中充分理解自由、平等、公正、法治等体现时代价值的目标和追求，自觉提高思想"免疫力"，始终不渝地坚持和弘扬这些价值追求，"咬定青山不放松"地去奋斗。

其次，社会主义核心价值观的教育使大学生在创新创业实践中充分理解历史传统与时代发展的高度统一性，增强文化自信和自觉，在内核上、精髓上和本质上传承中华优秀传统文化，传承社会主义先进文化，培养良好的道德品质。

最后，社会主义核心价值观的教育使大学生在创新创业实践中增强毅力，遇到挫折不气馁，努力做有社会责任感、有爱心的好青年，在艰苦奋斗中实现自我。

二、用社会主义核心价值观的基本内容引领大学生创新创业

（一）从国家层面引领创新创业

社会主义核心价值观的第一个层面是国家层面。"富强、民主、文明、和谐"对其他层次的价值理念具有统领作用。富强是国家繁荣昌盛、人民幸福安康的物质基础；民主是人民当家作主；文明是面向现代化、面向世界、面向未来的民族的科学的大众的社会主义文化；和谐是社会主义现代化国家在社会建设领域的价值诉求。大学生践行社会主义核心价值观，在创新创业中不仅应实现自己的个人理想，还应为国家的发展做出贡献。

　　我国已成为具有全球影响力的科技大国，重大创新成果竞相涌现，发明专利申请量和授权量居世界前列。无数经验教训告诉我们，核心技术是买不来的，只有自力更生、自主创新，才能掌握自己的命运。建设世界科技强国，是以习近平同志为核心的党中央在新的历史起点、面向未来做出的重大战略决策，这一决策与中国梦的目标高度契合，使科技创新与中华民族伟大复兴紧紧相连，是中华民族为之不懈奋斗的光荣与梦想，也让更多的民众参与到创新创业的过程中。

（二）从社会层面引领创新创业

　　"自由、平等、公正、法治"是从社会层面对社会主义核心价值观基本理念的凝练。自由是马克思主义追求的社会价值目标；平等是人人依法享有平等参与、平等发展的权利；公正即社会公平和正义；法治是实现自由平等、公平正义的制度保证。

　　大学生在创新创业实践中接触较多的是社会层面，在社会这个大平台中获得了创新创业的机会。因此，大学生践行社会主义核心价值观，在创新创业中要自觉用法律法规约束自己，公平参与市场竞争，遇到问题时要用法律武器维护自己的合法权益。

（三）从个人行为层面引领大学生创新创业

　　"爱国、敬业、诚信、友善"是公民基本道德规范，覆盖社会道德生活的各个领域。爱国是调节个人与祖国关系的行为准则；敬业体现了社会主义职业精神；诚信即诚实守信；友善强调公民之间应互相尊重、互相关心、互相帮助，和睦友好，努力形成社会主义的新型人际关系。

　　大学生践行社会主义核心价值观，在创新创业中应切实维护国家利益，把个人奋斗融入实现中国梦的进程，诚恳待人，诚实劳动，关心他人。只有这样，创新创业之路才能走得好、走得远。

　　近年来，各级政府多层面地推出了各种各样的政策和措施鼓励青年人创新创业。形式多样的新型孵化器、创业空间、天使基金等如雨后春笋般涌现，为青年创业者提供了良好的平台和创业的机遇。青年人应在各自领域开创新事业，积极创办科技型和服务型小微企业，要自觉地把人生追求与实现中华民族伟大复兴的中国梦相融合，在参与创新型国家建设实践的同时实现自己的个人理想。

　　社会主义核心价值观和创新创业教育相互联系、相互促进。只有培育和践行好社会主义核心价值观，才能提升创新意识和创业能力。

第五节　大学生创新创业的意义、优劣势及创业应具备的条件

一、大学生创新创业的意义

创新是一个民族进步的灵魂，是国家兴旺发达的不竭动力。当今世界的综合国力竞争，归根结底是科技实力和高素质人才的竞争。

（一）有助于培养大学生的创新精神和创新能力，推动创新型国家建设

在建设创新型国家的背景下，大学生群体作为整个社会最具活力和创造力的高素质人力资源，代表着国家的未来和经济社会发展的不竭动力。培养大学生的创新创业能力是建设创新型国家和落实"科教兴国"战略的需要。一个拥有创新能力和大量高素质人力资源的国家，将具备发展知识经济的巨大潜力。大力培养大学生的创新创业能力，可以为社会输送一大批具有创新思维的新青年，能有效地维持和推动国家创新体系的建立，符合我国"科教兴国"和建设创新型国家的发展战略。

（二）有助于提高大学生的综合素质、竞争意识和生存能力

在经济全球化条件下，我国人力资源市场竞争日益激烈。企业招聘大学生，既要看毕业学校，还要看大学生的实践经验，而实践能力水平的高低成为用人单位选贤任能的重要标准之一。大学生可以通过自主创业提高自身的实践能力，积累更多实践经验以及社会经验，提前为毕业后进入好公司打好基础。通过专业知识与创业实践相结合，提升大学生的创业能力，对提高大学生的综合素质和高等教育整体水平而言，无疑是最为经济的途径之一。大学毕业生通过自主创业，可以把自己的兴趣与职业紧密结合，做自己最感兴趣、最愿意做和自己认为最值得做的事情，从而在五彩缤纷的社会舞台中大显身手，最大限度地发挥自己的才能。

（三）有助于缓解就业压力

对各地大学生创业状况的调查显示，一人创业平均可创造 5～10 个就业岗位。一方面，有助于缓解社会就业压力；另一方面，大学生创办企业大多为服务业。调查显示，大学生创业行业依次为零售、餐饮、批发、文化、体育和娱乐、

制造业、农林牧渔、软件和信息技术等 23 个行业。显然，鼓励大学生创新创业，不仅能有效地把就业压力转化为创业动力，还有助于产业结构优化。

二、大学生创新创业的优势与劣势

大学生处在职业选择和事业起步的关键期，既有创业的优势——系统的专业知识和技能，思维灵活，创新意识强，又有明显的不足——社会阅历欠缺，人际交往面窄，适应性弱等。因此，大学生创业较之其他群体有其特殊性。

（一）大学生创新创业的优势

"年轻"是大学生突出的创业优势。大学生有活力，对认准的事情会义无反顾地去尝试；大学生具有较高层次的知识、较高的文化水平及技术力量，能够为创业提供技术支撑，知识资源成了大学生创业的最大优势；大学生思维活跃，善于创新；大学生思路清晰，创意新颖，能将所学的知识很快内化为本领，外化为发明。另外，为了促进大学生创新创业，各地政府专门为大学生制定了相关的优惠政策。

（二）大学生创新创业的劣势

大学生缺乏经验，缺乏系统化的知识结构，尤其缺乏人脉关系和商业网络；大学生创业启动资金有限，起步困难；政府各种扶持政策具体落实困难；目前我国大学生创业大多属于低水平、同质化创业，缺少创新性技术和原创性项目支撑，产品缺少竞争力。

三、大学生创业应具备的条件

（一）创业经验

大学生普遍缺少的就是工作经验。大学生长期在校园里，对社会缺乏了解，特别是在市场开拓、企业运营上，很容易陷入眼高手低、纸上谈兵的误区。因此，大学生创业前要做好充分的准备，一方面，去企业打工或实习以积累相关的管理和营销经验；另一方面，积极参加创业培训，积累创业知识，接受专业指导，从而提高创业成功率。

（二）启动资金

大学生初入社会，往往缺乏足够的财富积累，因此在创业过程中，资金问题成为一大挑战。资金是实现将创意转化为现实生产力的关键因素，再好的创意也会由于缺乏资金而难以得到实施。因此，大学生在创业过程中需要充分认识到资金的重要性，积极开拓融资渠道。除了传统的银行贷款、自筹资金和民间借贷等方式外，还应充分利用风险投资、天使投资和创业基金等多元化的融资渠道。通过多渠道融资，大学生可以更好地解决创业资金问题，实现创业的成功起步和发展。

（三）核心技术

不论是从事哪方面的创业，拥有过硬的技术都是成功的先决条件。用智力换资本，这是大学生创业的特色之路。一些风险投资家往往就是因为看中大学生所掌握的先进技术，而愿意对其创业计划进行资助。因此，打算在高科技领域创业的大学生，一定要注意技术创新，开发具有自己独立知识产权的产品，吸引投资商。

（四）创业能力

大学生在技术领域表现出色，但在经营方面往往缺乏足够的了解和实践经验。由于理财、营销、沟通和管理能力不足，创业者在创业过程中需要兼顾技术和经营两个方面。为了提高创业成功率，大学生应选择合伙创业、家庭创业或低成本的虚拟店铺等方式，以锻炼自身的创业能力。通过实际操作，大学生可以逐步掌握经营技巧，提高自身的管理和协调能力，为未来的创业发展打下坚实的基础。

以上四个方面对大学生创业来说是应具备的条件，而具备了这些条件后，大学生的创业也充满了不确定性。大学生需要审时度势，不断提高自己的创新创业能力。

第六节　创新创业与大学生职业生涯发展

创新创业教育强调全面开发人的潜能，培养学生的创新性思维以及专业技术、社会交际和经营管理等多方面技能，通过树立正确的世界观、人生观、价值观，规划自己的职业生涯，获得人生的成功。创新创业教育始终坚持以人为本、面向全体，弘扬人的主体性和自由个性，帮助学生学会处理好个人、集体、社会三者之间的关系，为其提供一个可以自由翱翔和设计的空间。大学生应通过完善自身的技能，不断提高自己的创造力，为未来创新创业打下良好的基础。通过努力成功创业，可以升华自己的人格，实现自己的理想，证明自己的价值。创新创业教育既能培养学生健全的人格，又能拓展学生的知识和能力，从而提高学生的素质，促进学生的全面发展。

一、创新创业教育与大学生职业生涯规划的关系

（一）职业生涯规划

职业生涯规划是一个人在对职业生涯的主客观条件进行测定、分析、总结研究的基础上，对自己的兴趣、爱好、能力、特长、经历以及不足等各方面进行综合分析与权衡，并结合时代特点，根据自己的职业倾向，确定最佳的职业奋斗目标，并为实现这一目标做出行之有效的安排。

对大学生而言，职业选择是否适当将影响其将来事业的成败以及一生的幸福；对社会而言，个人择业是否适当将决定社会人力供需是否平衡。如果每个人都适材适所，那么不仅每个人都有发展前途，而且社会会欣欣向荣。

（二）创新创业能力与职业生涯发展

创新创业首先是一种精神，一种不满足于现状、敢于创新并承担风险的精神，是一种在考虑资源约束的情况下把握机会、创造价值的认识。从广义的角度看创新创业，可以理解为一个人根据自己的性格、兴趣、专业、能力等选择适合自己的事业，利用自己的创新性思维，把握机会、创新创造、整合资源、付诸努力，最终实现自己人生目标的过程。因此，创新创业能力具有普遍性和适应性。无论从事什么样的行业或职业，创新精神和创业能力都将在职业生涯中发挥积极作用。

近年来，随着我国大学毕业生人数增加，就业问题成为全社会关注的焦点，学生、家长、学校和社会都需要保持清醒的头脑，正确认识和处理就业问题。为了让大学生都能够顺利走上工作岗位，党和政府除了制定"创业带动就业"的方针外，还出台了一系列支持和鼓励创新创业的政策措施。创新创业教育成为缓解当前就业问题成效较明显的重要内容，越来越受到重视。在创新创业教育的指导和服务下，部分大学生将成为自主创业者。这不仅可以解决大学生的就业问题，还可以为社会其他人员提供更多的就业岗位，这对缓解我国就业压力具有非常重要的现实意义。

作为一个全面发展的大学生，对创新创业的认知和践行是体现自身综合素质的重要内容，是大学生全面发展、融入社会、正确评估自己、给自己合理定位、实现自我价值的基本要求。鼓励学生开拓创新，使有开发潜力的学生真正走上创新创业的道路，也是他们能够很快融入社会、服务社会的前提。大学生是最具有

创新创业潜力的群体，不仅是现有职位的占有者，更是未来职业的创造者。创新创业教育能够提高大学生的创新精神和创业能力以及适应社会生存、经济竞争的能力，使其学到自主择业、自谋职业的方法和途径，从而成为高素质创新型人才，在现代化建设大业中施展才干，无疑是大学生实现自我价值的捷径。

二、大学生创业规划

创业已成为大学毕业生流向社会的一种全新的就业方式。对一个立志创业的大学生来说，职业生涯规划与其创业规划在一定程度上是同一样东西。要想制订一份好的创业规划，可以参考以下"四部曲"。

（一）了解自己

有效的创业规划必须在充分且正确地认识自身的条件与相关环境的基础上进行。对自我及环境的了解越透彻，越能做好规划。因为创业规划的目的不只是协助创业者实现个人目标，更重要的是帮助其真正了解自己。

（二）明确创业目标

创业者要善于观察和发现新的商机，用创新思维来设计自己的创业思路，基于其他创业者的经验和教训确立自己的目标。

一个人追求的目标越高，他的才能就发展得越快，对社会就越有益。如果创业者自己都不知道要到哪儿去，那通常哪儿也去不了。但是一个人在明确自己想做什么、能做什么的同时，还应考虑社会需求是什么这一重要因素。如果一个人选择的创业领域既符合自己的兴趣，又与自己的能力相一致，却不符合社会需求，那么这种创业的前景也会变得黯淡。由于分析社会需求及其发展态势并非一件易事，在选择创业目标时，应该进行多方面的探索，以得出客观而正确的判断。

（三）制订行动计划

在确定了创业目标后，需要制订具有针对性、明确性与可行性的行动计划，特别是要在大学期间和毕业后 3 ～ 5 年内制订详细的行动计划。

（四）开始行动

一个人的创业规划不管多么好、多么严密，只要没有行动，就依然是一张废纸。立即行动，是实现目标和梦想的唯一途径。

总之，只有将自身因素和社会条件进行最大限度的结合，才能在现实中发挥优势、避开劣势，使创业规划更具可操作性。

三、树立正确的创业观

如何树立正确的创业观，为自己铺就一条创业的平坦道路，对准备创业的大学生来说十分重要。

（一）端正态度，正确看待创业

创业是市场经济条件下个体自我发展的需要。随着市场经济体制的逐步完善，市场观念深入人心，创业能够满足大学生追求进取务实、协调并重的价值取向，能使其通过自己的积极思考，确定自己的人生目标，最大限度地实现自己的人生价值，为社会做出应有的贡献。创业不排除个人利益、理想、事业等方面的追求，应实现社会利益与个人利益兼顾。

在时代发展的大潮中，大学生创业的激情高涨，但是创业更需要理智。拥有激情并不表示创业能取得成果，创业需要回归理智，创业的激情只能作为创业初期的推动力，接下来的道路十分漫长，需要艰辛地付出。大学生应该理智地看到创业既有成功，也有失败，明白大学生创业的优势与劣势，学会处理创业过程中主观和客观之间的矛盾与冲突，运用辩证的方法明辨是非曲直，纠正认识的误区，从思想上对创业有一个科学而现实的认识。

（二）明确目标，制订创业规划

创业前，要弄清楚自己为什么要创业、如何创业；要了解自己的个性特征，明确自己的创业动机；要树立正确的、符合社会要求的、远大的创业目标。创业者要有高瞻远瞩的视角，知道自己的终极目标在哪儿、通过哪些途径可以实现、目前处于哪一个阶段以及正在面临哪些问题等。

除此之外，创业者在创业前还要科学、合理地进行创业规划。创业规划应包括项目选择、商业模式、赢利模式确定等，这要以创业者对市场的充分调查为基础，能够体现创业者的市场洞察力和创业的目的性。严谨的创业规划能够保证创业有一个良好的开端和正确的努力方向，有利于提高创业的成功率。

（三）转变观念，提高创业能力

创业者绝不能因循守旧、墨守成规，应学会观察国内外市场的变化，用善于变革的精神去迎接创业的挑战。创业是一个系统工程，它要求创业者在企业定位、战略策划、生产组织、团队组建、财务管理等领域有一定的知识积累。

创业能力能否提高是创业成败的决定因素。在校学生应充分利用大学校园提供的平台积极汲取各方面的知识，通过专业课、各种校园活动及社会实践活动不断扩大自己的视野；积极参加一些社团活动及志愿者活动，在活动中锻炼与人沟通、协作的能力，树立团队意识；增强自己的学习能力，在学习中培养创新思维与发展意识，通过日常学习中的不断积累逐渐增强创业的自信心。

大学生在创业过程中不仅要学习文化知识，还要在所从事的行业中积累相关经验，提高自己对行业特点、行业发展情况的深刻了解。大学生长期身处校园环境中，需要积累社会经验，可以积极参加学校举办的创业大赛及创业实践活动，也可以进入企业实习，了解社会、观察社会，不断提高自身的创业实践能力。

第七节　当今创业的时代背景

传统的社会关系、思想观念、道德伦理和价值体系正在经历深刻的变革，逐渐被一个多元化世界所取代。在这个过程中，一切都在不断地变化，一切都有可能被颠覆。因此，我们需要共同努力，重新审视和定义这一切。

一、互联网与创业

（一）世界经济步入大数据时代

2012 年开始，大数据以及大数据时代等概念进入人们的生活，成为备受关注的经济话题。

大数据时代是指随着互联网的发展和云计算的产生，数据渗透到当今世界的每一个行业和业务职能领域，成为重要生产要素的时代。哈佛大学教授加里·金（Gary King）曾经说过，庞大的数据资源使不同的领域开始了量化进程，无论是学术界、商界还是政府机关，几乎所有领域都开始了这一进程。人们对海量数据的挖掘和应用，预示着新一波生产率增长和消费者盈余浪潮的到来。大数据时代带给创业哪些影响呢？

首先，数据挖掘和应用本身就成为创业的重要领域。例如，阿里巴巴集团在经营淘宝、天猫等网络交易平台，支持众多中小企业完成网上交易的过程中，积累了大量消费者信息数据，对这些数据的挖掘成为重要的新型商业领域。为此，阿里巴巴集团于 2012 年 7 月宣布设立首席数据官，专职负责推进数据平台分享战略。

其次，重视商业数据的积累成为创业企业获得核心竞争优势的重要内容。由于数据成为重要的生产要素，现代经济的很多规律均体现在庞大的商业数据之中，如果不掌握这些数据，将难以获得核心技术知识，进而失去核心竞争力。例如，汽车行业，关于汽车设计的相关数据等凝聚在一定的数字化平台上，如果一个汽车企业只进行汽车生产制造，而不做产品研发设计，就不可能聚集数字化平台数据。因此，在未来国际创业环境中具有决定性作用的不是生产什么产品、提供什么服务，而是有关生产与服务的数据集聚在哪里。飞机、汽车等装备制造领域的开发试验工具系统、制药领域的化合物筛选设备及模型、网络交易系统等数据集聚载体，将成为当代国际创业环境中重要的创业平台。

（二）互联网成为国际创业环境中最重要的物理支撑

在近 20 年的时间里，网络应用于社会，进而对人类社会的生产及生活方式造成重大影响，特别是随着移动互联网的快速发展，网络化仍然在以飞快的速度向更多经济领域拓展，成为影响创业的重要因素。首先，网络在实体经济领域的拓展性应用，成为当今创业的重要工具。除了我们已经熟知的网络销售、网络书店等业务，一些传统服务领域辅之以网络也实现了升级和发展，如上海寺冈电子有限公司借助互联网平台，从一个平台制造企业成功转型为一个云计算服务型企业。其次，网络技术本身的不断发展和升级开辟了许多新的创业空间，如基于网络的小米盒子等。最后，互联网特别是移动互联网成为当代国际创业环境中重要的物理支撑。哪里网络发达，哪里将会成为创业最为肥沃的土壤，孕育更多的企业。

二、知识经济与创业

如今的经济是世界经济一体化条件下的经济，是以知识决策为导向的经济，它促使我们对身边发生的一切事物进行重新审视与认识。知识经济形态是科学技术与经济运行日益密切结合的必然结果，是经济形态更人性化的表现。

（一）知识经济的概念

知识经济，也被称作智能经济，指的是建立在知识和信息的生产、分配和使用基础上的经济。它是和农业经济、工业经济相对应的一个概念。

现行的工业经济和农业经济，虽然也需要用到知识，但是这些经济的增长主要取决于能源、原材料和劳动力，是以物质为基础的经济。知识经济是人类的知识，特别是科学技术知识累积到一定程度，以及知识在经济发展中发挥的作用达到一定比重的历史产物；同时是信息革命导致知识共享，能够高效地产生新知识的时代产物。

（二）知识经济的特点

知识经济理论形成于 20 世纪 80 年代初。美国经济学家保罗·迈克尔·罗默（Paul Michael Romer）于 1983 年提出了"新经济增长理论"，他认为知识是一个重要的生产要素，可以提高投资的收益。该理论的提出标志着知识经济形成了初步的理论基础。知识经济作为一种新的经济形态，是对经历了 200 余年发展的工业经济的超越与创新，具有一系列崭新的特点。

1. 知识经济是以新科技革命为依托的信息化经济

以往工业经济的发展和繁荣直接取决于资本、资源、硬件技术的数量、规模和增量，片面追求产品技术的极致和单一商品生产规模的最大化。知识经济直接依赖知识或有效信息的积累和利用，将知识作为追求发展的内在驱动力，强调产品的数字化、网络化和智能化。

2. 知识经济是以高科技人才为核心的人才经济

现代国际竞争是综合国力的竞争，其关键是科学技术特别是高科技领域的竞争，而其中起决定作用的核心因素是人才的竞争。近年来，国内外一些高科技企业，无论是美国著名的微软公司，还是中国驰名的阿里巴巴、腾讯、百度之所以能够异军突起，高科技优秀人才在其中都起了至关重要的作用。

3. 知识经济是一种创新经济

这种创新绝非传统工业技术的简单创新，而是建立在最高科技成果基础上的、在一系列新兴领域的开拓与创造。这些领域具体包括信息科学技术、新材料科学技术、空间科学技术、海洋科学技术、有益于环境的高新技术和管理科学技术等高新技术产业。

4. 知识经济是真正意义上的全球化经济

全球信息网络的开通及进一步发展，不仅使全球信息资源共享成为可能，而且随着信息技术的发展，必将为整个人类社会充分利用和共享信息资源提供更为快捷的手段和更为广阔的空间。

（三）知识经济时代创业活动的功能

知识经济时代的创业具有增加就业、促进创新、创造价值等功能，也是解决社会问题的有效途径之一。

1. 创业是就业岗位的扩容器

在知识经济背景下，虽然就业的方向和结构发生了一定程度的变化，但它并不能自动解决就业问题。事实上，新创企业作为推动就业的重要力量，通过提供岗位、服务社会，在带动就业方面发挥了积极作用，尤其是创业型中小企业，它们在创造大量就业机会的同时，也在稳定就业方面扮演着越来越重要的角色。当大企业裁员时，中小企业则成为保障就业稳定的主渠道。此外，大学生创业不仅解决了自身的就业问题，还为社会人员提供了就业机会。广泛的创业活动有助于解决社会就业问题，进而促进和谐社会的建设。

2. 创业是科技创新的加速器

知识经济时代的创业更可以实现先进技术的转化，推动新产品或新服务的不断出现，创造出新的市场需求，进一步推动和深化科技创新，从而提高企业或整个国家的创新能力，推动经济的增长。创业是新理论、新技术、新知识、新制度形成现实生产力的转化器，新建立的企业要想在激烈的市场竞争中站住脚，就要使用先进的生产技术，采用科学的技术手段。因此，创业可以加速科技的创新。

3. 创业是经济发展的原动力

在知识经济时代，不论是在发达国家还是在发展中国家，创业都是经济发展最具活力的部分，是国家经济发展的原动力。国际创业研究项目"全球创业观察"曾对42个国家的创业状况进行了研究，发现在主要的七大工业国中，创业活动的水平与该国的年经济增长是高度正相关的。因此，从全球视角来看，创业对一国经济发展起到至关重要的作用。在过去的几十年里，美国出现了"创业革命"，高新技术与创业精神的结合成为美国保持世界经济领先地位的"秘密武器"。我国实行改革开放以后，国家实行市场经济，积极支持个人投资兴办企业，新创办的中小企业成为我国新的经济增长点，对我国经济持续高速增长，以及促进我国的城市化进程和现代化建设都起到了重要的作用。

4. 创业是社会进步的推动器

创业活动促进了社会经济体制的改革和深化，繁荣了市场，丰富了人们的生活，提高了生活质量，促进了社会稳定和谐，是实现共同富裕的有效途径。创业还可以激发整个社会的创新意识和创新精神，有利于社会文化、观念的转变。此外，创业使无数人进入了社会和经济的主流，对社会形成创新、宽容、民主、公正、诚信等观念和文化具有积极作用。

（四）知识经济时代创业的关键要素

在知识经济时代，知识已经取代传统的有形资产成为提高竞争力的最为关键的资源，科技创新因此成为这一时代创业活动的大趋势。在动荡复杂的竞争环境中，知识比其他资产具有更快的更新和淘汰速度，因此优秀的创业者需要及时而有效地将创新成果转化为商业价值，如此才能在多变的环境中保持优势地位。知识经济时代创业具有如下关键要素。

1. 持续创新，拥有自主技术

在经济全球化环境下，信息、技术和人才成为新创企业的关键因素，也是企业间竞争的焦点，特别是通过对技术和知识产权的占有，使其在市场上获得竞争地位并控制市场。根据世界知识产权组织的数据，全球的知识产权活动，包括专利申请，正在发生显著变化，发展中国家在全球知识产权活动中的份额正在增加。

2. 技术引领市场，挖掘潜在需求

在知识经济条件下，创业者需要学会利用独创的知识来开发新产品、挖掘潜在需求，而不是仅仅为了生存而瓜分和扩大现有市场。潜在需求中的"需求"是企业通过技术引领创造的。例如，苹果公司在推出 iPad 之前，大多数人不知触屏电脑为何物，更别说需求。苹果公司依靠其先进的技术、一流的设计，跟踪用户需求，推出了更便于携带与适用的全触屏电脑 iPad，并迅速引发需求狂潮。挖掘潜在需求，要求创业者兼具敏锐的洞察能力和强大的创新能力。从个体角度看，挖掘潜在需求的创业者在这一新领域避开对手，很容易成为引领者并获得创业成功；从整体角度看，挖掘潜在需求能够开发更大的市场，创造更多的就业机会，更好地推动社会经济发展。

3. 兼容并蓄，快速改革

知识经济时代的知识具有信息量大和淘汰速度快两大特点。单个创业者很难拥有所需的全部知识。面对经济全球化进程下越来越激烈的竞争环境，唯有兼容并蓄，以开放的心态进行广泛的知识合作，才能在创业过程中获得所需要的源源不断的动力。创业者还需要拥有乐观积极的态度，视变化为机遇，把握市场方向和需求，抓住变革的方向和节奏并予以快速响应，才能在不断变化的环境中取得成功。

4. 经济全球化的胸襟与眼光

我们身处经济全球化的时代，一旦选择创业，那么无论愿意与否，客观上都将不可避免地卷入一场国际化的竞争。因此，拥有国际胸襟与眼光显得尤为重要。具体表现在两个方面：一是要有融入国际化的勇气。即使处在创业初期，这份勇气也尤为重要，因为机会面前人人平等，只有拥有国际化的勇气才能抓住经济全球化的机会。二是要有国际化思维。如今，通过网络手段，来自全球的潜在顾客都有可能成为目标客户，而世界各地的货源也有可能成为自己的创业资源。创业者需要运用国际化思维对不同市场采取不同的战略以整合全球资源。

三、消费群体的个性需求

随着"90后"渐渐成为社会中坚力量，"00后"纷纷进入社会工作，年轻一代即将成为消费的主力军。世界上每个角落的零售商都紧盯着"90后""00后"消费者的口袋，他们不断揣摩研究"90后""00后"的消费习惯：他们可以在同一时间约朋友上网购物、喝咖啡；因为选择的多样性，他们购物时犹豫不决；他们喜欢个性化，不喜欢和朋友所用的商品重合；他们会透支消费，但是他们也热爱使用优惠券；他们在社交媒体分享购物体验，也在社交媒体获取购物信息。他们多变、个性、充满活力，可以说，零售市场得年轻人者得天下。

现在的年轻一代减少了去商场购物的时间，在他们的概念中，在商场闲逛是浪费时间的事情。所以，商场要提供个性化的服务，让购物变得有趣、有意义，并且值得回忆，这样年轻一代的消费者才会认为商场值得前往。同时，年轻人喜欢质量好的商品，但是他们往往不盲目崇拜品牌和高价。他们要质量好并能体现自己品位的商品，要让自己区别于自己的朋友。

相对于老一代消费者，当下的年轻人对待品牌具有更高的道德标准。他们会根据品牌商的社会表现来决定是否购买这家店的商品。有调查显示，32%的年轻人不会购买社会表现不好的品牌商的东西，这些商品不能被他们所接受。这对品牌商和零售商来说是一个新的挑战和机遇。

"血汗工厂"一词纷纷出现在各大媒体上，说明越来越多的消费者不仅关注商品本身，他们的社会责任感也更加强烈。所以，对品牌商和零售商来说，不仅要取悦消费者，也要让消费者看到商家的社会责任意识，树立良好的品牌形象。所以，对珍惜"羽翼"的品牌来说，越来越看重代言明星的个人口碑；越来越多的零售商现身在灾难一线参加救援；也有不少企业设立人才培养计划、扶助困难大学生计划等。通过这些方式，品牌商和零售商一方面是在承担自己的社会责任，另一方面是在树立自己良好的品牌形象。了解年轻一代消费者，进而满足他们的消费需求，是未来创业领域的重要战略。

四、大众创业氛围的形成

对于大学生自主创业，国家制定了很多优惠政策，具体如下。

大学毕业生在毕业后 2 年内自主创业，到创业实体所在地的工商部门办理营业执照，注册资金（本）在 50 万元以下的，允许分期到位，首期到位资金不低于注册资本的 10%（出资额不低于 3 万元），1 年内实缴注册资本追加到 50% 以上，余款可在 3 年内分期到位。

大学毕业生新办咨询业、信息业、技术服务业的企业或经营单位，经税务部门批准，免征企业所得税 2 年；新办从事交通运输、邮电通信的企业或经营单位，经税务部门批准，第一年免征企业所得税，第二年减半征收企业所得税；新办从事公用事业、商业、物资业、对外贸易业、旅游业、物流业、仓储业、居民服务业、饮食业、教育文化事业、卫生事业的企业或经营单位，经税务部门批准，免征企业所得税 1 年。

各国有商业银行、股份制银行、城市商业银行和有条件的城市信用社要为自主创业的毕业生提供小额贷款，并简化程序，提供开户和结算便利，贷款额度在 2 万元左右。贷款期限最长为 2 年，到期确定需延长的，可申请延期一次。贷款利息按照中国人民银行公布的贷款利率确定，担保最高限额为担保基金的 5 倍，期限与贷款期限相同。

政府人事行政部门所属的人才中介服务机构，免费为自主创业毕业生保管人事档案（包括代办社保、职称、档案工资等有关手续）2 年；提供免费查询人才、劳动力供求信息，免费发布招聘广告等服务；适当减免参加人才集市或人才劳务交流活动收费；优惠为创办企业的员工提供一次培训、测评服务。

第五章　高职院校创新创业教育
实践教学体系的构建

第一节　高职院校创新创业教育
实践教学体系相关概述

一、创新创业能力相关概述

相对来说，学术界较为重视高等职业教育中基础教学、科研培养等方面的研究，而对实践教学这种培养大学生创新创业能力的教育模式的研究则较为薄弱。总体来看，无论是研究广度、研究宽度还是研究深度方面都比较欠缺，部分研究显得零散、单一，局限于传统的视角和领域，一般性、普遍性问题研究较多，缺乏系统性、普适性的探讨。尽管如此，随着近年来学者的不断探索，创新创业人才培养问题和实践教学体系的构建逐渐成为研究的热门问题，此领域积累了相当丰富的知识和经验，产生了许多值得借鉴和参考的有价值的研究成果。

（一）创新能力、创业能力的含义

1. 创新能力的含义

创新的社会学解释是人们为了发展的需要，在前人已经发展或发明成果的基础上不断突破常规，提出新的见解、开拓新的领域、解决新的问题、进行新的运用、创造新的事物。创新能力是实施创新行为所具备的本领或技能。

对于创新能力的含义，国内不同学者的理解有很大的差异。有的学者指出，创新能力是指对已积累的知识和经验进行科学的思维加工和再造，产生新知识、新思想、新方法和新成果的能力。有的学者认为，从创新能力的表现形式来看，创新能力的本质在于创新，具体表现为产生某种新颖独特、有社会价值或个人价

值的思想、观点、方法和产品的能力。还有的学者认为，从整合的角度来看，创新能力是个人知识储备、创新思维和创新个性的多维、多层次的综合表征。其中知识储备是创新能力的基础，创新思维是核心，创新个性是保障。尽管不同学者从不同的角度理解创新能力，给出的定义差别也比较大，但这些定义都有助于人们科学理解创新能力的含义。

综上所述，笔者认为创新能力是指创新主体利用已有的知识和经验，具备从事创新活动的思维和能力。

2. 创业能力的含义

对于创业能力的含义，国内学者主要有以下几种认识和表述。有的学者认为，创业能力不仅暗含很强的实践性，需要有一定的实践经验，同时包括了较强的综合能力，需要具备较高的综合素质；它是集创造性和自我开发与实现的一种特殊的创造力；它是三种能力的结合，即专业职业能力、经营管理能力、综合性能力。有的学者认为，创业能力是指一种主体的心理条件，它可以影响创业实践活动效率，促使创业实践活动顺利进行。换一种说法，创业能力是一种以人的智力发展为核心，兼具较强综合性和创造性的心理机能；是经验、知识、技能经过类化、概括化后形成的，在创业实践活动中反映为复杂而协调的行为过程。还有的学者认为，创业能力狭义上是指自主创业能力，即除工资形式就业以外的自我谋职的能力或顺利实现自主创业的特殊能力，包括个体自身的一些特质，如创业品质、专业技能、信息处理能力、决策应变力、环境适应力等。

以上关于创业能力的不少观点都值得我们借鉴。笔者比较赞同的是，创业能力是一种实践性、综合性很强的，有创造性特征以及自我开发、自我实现性质的，以智力为核心的特殊能力。

（二）创新创业能力的培养

1. 创新创业能力的内涵及构成

以"创新创业能力"为主题的学术论文有很多，但是学者在学术论文中很少提到创新创业能力的内涵，大多数是从创新创业教育的角度来分析的，主要有以下三种理解。

第一种理解，将创新创业能力等同于在创新教育中培养的创新能力。

第二种理解，将创新创业能力等同于在创业教育中培养的创业能力。

第三种理解，将创新创业能力理解为创新能力与创业能力的结合，是一种兼顾创新能力和创业能力并以创业能力为落脚点的能力。

笔者认为这样理解创新创业能力是不够全面的。创新创业能力强调的是学生的基本素质、创新精神和创造性思维，同时注重学生的理论知识和实践能力，尤其是自我创业意识和创新操作能力，要求学生具备能够独立自主地发现问题、解决问题，并提出自己新观点的能力，同时具备创业意识、对创业有所追求的能力。简单来说，创新创业能力指的是一种既具有实践能力、创新能力，又具备创业潜能的复合型能力。

人们从事创新创业活动，需要各种能力，绝不是单凭一种能力或某几种能力就能达到预期目标的。要想使创新创业主体能发现问题、解决问题，提出自己的新观点，构思和创造有价值的东西，就必须使创新创业能力各要素联合成一个整体，发挥创新创业综合效应。

（1）智力是创新创业能力的基础

智力是人认识客观事物，并运用知识理解、解决实际问题的能力。知识是对事物属性与联系的认识，是人们在社会实践过程中积累起来的经验。智力包括很多方面，如观察力、记忆力、思维能力、应变能力和分析判断能力等，这些都是认识活动所必须具备的一般能力。一般的智力转化为创新创业能力，要求主体在创新创业活动中对智力因素进行有机整合，主要包括信息获取能力、创新操作能力和开创事业的能力等。

（2）创新素养是创新创业能力的核心

丰富的知识要转化为能力，在实践中产生新的成果，关键点就是创新素养。创新素养包括创新意识、创新精神和创新思维。创新意识是创新思维活动的起点，是使个体产生创造行为的内驱力，是创造的意图等思想观念。创新精神指的是创新者所具备的智力与非智力心理品质的有机结合与升华而产生的实际创造动力。创新思维是指一个人在创新过程中产生的对新事物的认识活动，具有多向性、形象性、突发性等特点。

（3）创业潜能是创新创业能力培养的动力

创业潜能存在于创业意识和创业精神层面，是在一定社会环境和教育条件的影响下形成的与他人不同的固定态度和行为特征，是思维和行为相结合的体现。培养创业意识主要包括形成创业需求、动机、兴趣和信念等。培养创业精神主要包括形成自信心、坚韧性、敢为性、独立性和合作性等心理品质。

2. 大学生创新创业能力培养的内容和意义

党的二十大报告明确提出了"加快实施创新驱动发展战略""实现高水平科

技自立自强，进入创新型国家前列"等内容。大学生是最具有创新创业潜力的群体之一，高职院校应该深入学习科学发展观和建设创新型国家战略，深化教学改革，培养大学生的创新创业能力，这是落实"以创业带动就业，提高创业能力"、促进高职院校毕业生充分就业的重要措施。

基于上述对创新创业能力的内涵及构成的分析，笔者认为培养大学生创新创业能力应包括以下几个方面的内容。

第一，实践动手能力。在面对问题时，具备发现问题、分析问题和解决问题的能力。

第二，创新性思维能力。能用专业术语表述新问题，发现事物的规律性的能力，包括发散性思维和非逻辑思维能力等。

第三，独立思考、独立判断和独立从事科研活动的能力。

第四，学术交流能力。能将研究成果以专著或学术论文的形式表达出来，将新的思想或知识传递给他人的能力等。

第五，创业潜能。在使自身的实践能力和创新能力达到一定高度时，具备能激发自身创造力来开辟新事业、新行业的潜在能力。

对于大学生创新创业能力培养的意义，可以概括为以下几个方面。

第一，培养大学生创新创业能力是国家战略的需要。21世纪，各国竞争的重点已转变为经济和综合国力的竞争，归根到底是科技和人才的竞争。谁拥有创新型人才，谁就能在这场激烈的国际竞争中取得更大的优势。建设创新型国家的决策，是事关社会主义现代化建设的重大战略决策。创新型国家的建设需要具有创新创业能力的人才，应培养创新创业人才，大力推进理论创新、制度创新、科技创新、文化创新，不断巩固和发展中国特色社会主义伟大事业。大力培养大学生的创新创业能力是高职院校的首要任务和关键措施，能够有效地推动创新型国家的建设。

第二，培养大学生创新创业能力是缓解就业压力的需要。随着高职院校的扩招，我国大学生的就业压力越来越大。创新创业教育能够有效缓解社会就业压力。高职院校应全面开展切实有效的创新创业教育，培养大学生的创新能力，激发大学生的创业潜能，引导和帮助越来越多的大学生加入创新创业队伍，使大学生成为为社会创造价值的创业者，由寻求就业岗位的就业者变成提供就业岗位的创业者，有效缓解大学生就业难题。

第三，培养大学生创新创业能力是大学生自身发展的需要。敢于思考，追求个性，有着强烈的自我意识，渴望实现自我价值，是当代大学生的时代特征。高职院校应培养大学生的创新创业能力，使他们更加注重自身综合素质和能力的提升，为他们实现自身的发展提供条件。大学生通过创新创业活动，选择适合自己发展的领域，突破和创新自己的思想，才能够实现自己的人生价值。

二、实践教学体系相关概述

（一）实践教学与教学体系

实践教学是相对于理论教学的各种教学活动的总称，包括实验、实习、设计、工程测绘、社会调查等，旨在使学生获得感性知识，掌握技能、技巧，养成理论联系实际的作风和独立工作的能力。实践教学的这个定义，是从其内涵和外延来理解的。

按照系统论的思想，教学体系是指为达到教育目的，由教学活动相关要素构成的，并以一定稳定结构形式存在的，实现特定教学功能的相互影响、相互作用的有机整体。对于教学体系的构成要素，有经典的三要素说，即学生、教师和教材，但是现在大部分学者认为教学体系的构成除了学生、教师和教材外，还应包括教学目标、教学内容和教学环境。

（二）实践教学体系的内涵

实践教学体系是一个有机整体，大部分学者认为其有狭义和广义之分。总的来说，由目标、内容、管理和评估等要素构成实践教学体系整体，这是按照其广义层面来描述的。狭义的实践教学体系是指实践教学的内容体系。本书以广义的实践教学体系内涵作为参照，但并不局限于其设定的目标、内容、管理和评估四大要素。笔者把实验、实训、实习和毕业论文等环节作为实践教学活动，把体系的管理、评估和条件保障作为实践教学体系的环境资源来加以重新认识。因此，笔者认为，实践教学体系是以实践教学人才培养目标为核心前提，以实践教学活动为主体内容，并以相应环境资源作为支持条件的一个有机联系的整体。

三、实践教学体系构建的理论基础

实践教学是和社会诸多领域有着紧密联系的实践活动，实践教学体系的构建也涉及各种与之相关的要素。在综合考察实践教学内涵的基础上，笔者认为，实践教学与学习论的思想密不可分，它们不仅为实践教学体系设计提供理论指导，也为人们认识教育本质、确立教学目标、选择教学内容等教育问题提供重要的理论依据。

学者对学习的探讨从未停止过，无论是行为主义心理学创造的"刺激—反应"学习理论，还是认知主义心理学家对人类认知过程和组成因素的研究，社会因素和个体因素都已经成为学者关注的焦点，特别是建构主义学习理论对教育思想产生了重大的影响。

建构主义学习理论认为，知识和技能不是被动积累的，而是学习者积极实践的结果。知识和技能的建构必须从激发学习者的学习动机开始，而传统的教育模式往往是先理论后实践，实践能力弱的学生在社会上缺乏核心竞争力。因此，必须确立实践教学在创新创业人才培养过程中的主体地位。学习者的学习过程要关注知识和技能的连贯性和教学内容的情境性，应使用情境教学方法，使学习内容具有真实性任务，使学习行为在与现实情境相似的情境中产生实践教学是符合情境教学要求的，能够使学生通过具体的社会实践、实训、实习等，在解决具体问题时积极主动地建构自己的理解过程和创造过程。

四、实践教学体系在创新创业能力培养中的重要作用

高职院校通过实践教学培养的是学生实践动手能力以及发现问题和解决问题的能力。在21世纪创新创业人才培养的要求中，学生创新创业能力的核心就是创新，创业是在具备一定程度创新的基础上升华得到的。实践能力是创新能力发展的基石，高职院校构建面向创新创业能力培养的实践教学体系是符合现代教育要求和社会人才需求的。

（一）实践教学体系是连接学生理论知识和实践能力的重要手段

学以致用是人们从古至今都崇尚的获取和使用知识的目标，实现学以致用目标的过程就是实践教学。实践教学能够培养学生运用知识、创造知识的能力，使学生真正发挥用理论指导实践的作用，为学生毕业后进入社会工作创造必要条件。

（二）实践教学体系是高职教学体系的重要组成部分

高职教学的培养目标和专业人才的培养目标的实现，都离不开实践教学这一关键环节。实践教学培养的是学生的实践能力、创新能力和创业潜能，而只有通过实践教学体系才能更加系统化地发挥实践教学的作用，这是学生能力发展的必要条件。

（三）实践教学是学生创新能力培养的基石

学生创业潜能的激发离不开创新能力的积累，创新能力的积累离不开实践能力的提升。没有实践能力，创新能力是不可能得到发展的。学生在实践中不断积累自己的实践能力，形成良好的创新意识，无形中就会使自己的创新能力逐步提升。

（四）实践教学更深远的意义在于学生个体的全面发展

21 世纪，国家的发展靠人才，人才综合素质的提升是一个国家综合国力提升的表现。国家培养学生的综合素质，正是在学生进入社会前通过实践教学逐步使学生获得全面发展来实现的。

第二节　高职院校创新创业教育实践教学体系建设策略

一、当前高职院校实践教学体系存在的问题

近年来，我国各大高职院校纷纷加大对实验室的建设投入以改善实践教学条件，积极开展实践教学改革，这不仅有效促进了学生实践能力和创新能力的提升，还为实现创新型人才的培养目标奠定了坚实基础。然而，在高职院校实践教学改革的探索阶段仍然存在着一些问题。

（一）对实践教学的认识和重视程度还有待提高

目前一些高职院校受传统教学模式的影响，重理论、轻实践，重知识传授、轻能力培养，实践教学长期处于教学活动的次要地位。高职院校的人才培养方案一般以理论课程的知识能力培养为主，以实验环节的实践能力培养为辅，这种实践教学定位和人才培养模式已经难以满足学生实践能力和创新能力培养的需求。实践教学活动一方面能够使学生将理论知识运用到实践中解决实际问题；另一方面能够锻炼学生发现问题、分析问题和解决问题的能力，这些是理论教学难以替代的。因此，高职院校需要尽快转变教学观念，确立实践教学在创新型人才培养过程中的主体地位。

（二）高职院校实践教学改革缺乏整体规划

部分高职院校把实践教学体系构建的重点放在了实践教学活动上，虽然设

置了实验、实训和实习等多种实践教学环节，且各个环节具有一定的时间保证，但是各环节之间缺乏有效的内在联系和有机结合，这种无序的状态与创新型人才培养目标存在较大的差距，实践教学体系作为相对完整的教学体系具有相对独立性。在建设实践教学体系的过程中，应避免孤立性和片面性，需要紧紧围绕专业人才培养目标，运用系统性思维和整体优化思想指导实践教学体系的构建。

（三）实践教学体系构建需要挖掘与之相适应的环境条件

与高职院校理论教学相比，实践教学活动的开展需要投入更多的人力和物力，不仅受到实验设备、实验场所和实践教学师资等条件的限制，而且需要得到社会和企业的支持，操作起来难度较大。在师资队伍培养方面，高职院校缺乏具有过硬操作和技术经验的实验教师；在实践教学硬件设施的建设方面，实验室建设、设备更新和实验条件改善都需要大量的资金投入，一些有能力的高职院校虽然建设好了实验室，但是缺乏合理的运行和共享机制；在实践基地的建设方面，部分高职院校建立的校外实践基地数量不足，而且其中一部分稳定性不高，难以使实践基地发挥最大的效用。

二、实践教学体系的构建原则

实践教学体系的高效运行必须考虑多种要素之间的相互作用。在综合了创新创业人才培养范畴和实践教学体系特征的基础上，笔者提出了构建实践教学体系过程中需要遵循的一般性原则。

（一）目标性原则

高职院校实践教学体系的建构必须紧紧围绕培养大学生创新创业能力这一人才培养目标来进行，要把培养既具有扎实的理论基础，又具有较高创新素养和较大创业潜能的人才作为实践教学体系的出发点。实践教学体系人才培养目标应该根据高职院校人才培养规格、专业学科特点和发展规律以及社会对人才的需求进行明确的、有针对性的具体设定。

（二）系统性原则

高职院校实践教学体系的构建，应该根据高等职业教育的规律和人才培养特点，按照各个实践教学环节的地位、作用及相互之间的内在联系，运用系统科学的方法进行统筹安排。实践教学环节的时间安排上要保持连续性，要处理好实践教学与理论教学的关系，合理分配课时比例，保持整个教学过程的系统性。实践教学与理论教学的相互衔接、相互渗透，使体系内的各个环节协调统一，贯穿高等职业教育的全过程。

（三）层次性原则

大学生能力的发展是一个循序渐进的过程。遵循这一客观规律，实践教学体系也应分阶段、分层次逐步深化。实践教学目标要由易到难，实践教学环节要由简单到复杂，实践教学方法要由单一到综合，分阶段、分层次、循序渐进地加以构建。

（四）实践性原则

实践出真理。对实践教学体系的构建要有利于学生实践能力的培养，主要体现为实践教学目标要符合社会发展和人才需求，除培养学生的应用实践能力外，还应注重学生创新创业能力的培养，以满足学生自主发展的需要。在教学内容上，应突出知识更新的要求，以实践、实训活动为主导，模拟真实的环境来开展实践教学。

三、面向创新创业能力培养的实践教学体系

（一）实践教学体系的结构

实践教学体系的构建是以实践教学人才培养目标为核心前提，以实践教学活动为主体内容，以相应环境资源为支持条件的一个有机联系的整体。所以在构建面向创新创业能力培养的实践教学体系时，将培养大学生创新创业能力作为实践教学人才培养目标，与实践教学活动和配套的环境资源构成了体系中的三大要素。这三大要素各有内涵又相互联系、相互促进。

（二）实践教学体系构建的目标导向

创新创业人才培养目标是高职院校实践教学体系构建的目标导向，也是其核心前提，这指的是在实践教学体系的构建中，要把培养学生的创新创业能力作为创新创业人才培养目标，贯穿于实践教学体系的每个环节中，通过实践教学活动培养学生的实践能力、创新素养和创业潜能，使学生解决实际问题的能力和综合素质得到提高，使学生做到德、智、体、美、劳全面发展。

1. 培养学生理论联系实际的能力

实践教学的首要任务就是要求学生能将理论知识与实践动手能力相结合，将课堂教育与社会实践相结合。这样学生在进入社会以后，就能够学会理论联系实

际，充分利用理论知识、指导思想去观察、处理问题，解决实际工作中遇到的现实问题。

2. 培养学生发现问题和解决问题的能力

在用人单位看来，现在的大学生发现问题和解决问题的能力并不理想。学生缺乏实践经验，在工作中很难发挥高学历知识教育的优势。因此，高职院校应通过实践教学，努力提高学生的观察力、理解力和思考力。

3. 培养学生的创新能力，激发学生的创业潜能

创新对 21 世纪人才培养具有重要意义。在不断变化的世界环境中，只有具备创新能力的人才才能发挥举足轻重的作用，为社会发展做出贡献。创新能力的不断提升能够使学生富有创造力，激发学生的创业潜能，使学生开辟新的行业和领域。

高职院校要依据学校定位，适当调整各学科教学计划，以培养学生创新创业能力的教学理念为指导，突出实践教学体系各环节的连贯性和整体性，完善实践教学内容，积极培养学生的实践能力，以满足新时期学科专业发展对专业人才的需要，力争实现创新创业人才培养目标。

四、实践教学体系构建的主体内容

按照不同的教学目标，遵循实验内容深度的递进、实践技能层次的递进、综合应用水平的递进原则，实践教学活动主要包括基础实践阶段、专业实践阶段和综合实践阶段三个阶段。通过这三个实践阶段，高职院校可以合理地、循序渐进地安排实践教学活动，将创新创业人才培养目标和实践教学内容具体落实到各个阶段中，达到学生实践能力、创新能力的培养要求。其中每个阶段有不同的实践教学活动。

基础实践阶段是专业能力初步锻炼的阶段，对理解理论知识、弥补课堂教学的不足起着重要作用，是专业实践阶段的前提。基础实践阶段主要包括课程实验、社会调查和参观见习三部分，重点培养学生的基本技能和基础实验能力。课程实验的教学目标是以理论知识为支撑，使学生具备以操作能力为主的基础实践能力，通过实际操作和应用来发现和解决问题；社会调查通过实地调查研究，促使学生去验证和解决课程中遇到的理论性问题；参观见习的目的是增长学生的专业知识，主要通过教师带团参观与专业相关的校外单位等方式进行。

专业实践阶段是在经过专业知识的系统学习之后，开始把所学知识运用到科

研探索中，强调专业实践的重要性，是对学生科研能力培养的有益尝试。专业实践阶段主要包括课程设计、项目实践和专业实训三个部分。课程设计对培养学生提出、分析和解决问题的能力具有重要作用。学生在课堂上的学习时间有限，不可能完全掌握学科专业知识，所以项目实践环节可以使学生根据自身的特长，选择感兴趣的某一专业项目，在教师的指导下以项目小组的形式学习和研究，培养团队精神。专业实训主要采用校企结合的形式，由学校教师和企业教师带队，进入实际的工作环境，让学生亲身体会到未来的工作状态，帮助学生及早地适应工作环境，使其满足行业需求，是连接校内学习和企业需求的桥梁，是毕业实习的一个提前模拟。

综合实践阶段主要包括科研竞赛、毕业实习和毕业论文三个部分，重点培养学生的综合实践能力和创新能力。在科研竞赛中，学生在学校指导教师的辅导下，参与教师的课题研究、科研立项和大学生创新性实验项目等学术活动，也可以参加本专业的各项竞赛活动等，锻炼自身将理论知识与实践能力相结合的能力。毕业实习是学生自己到相关企业部门中工作，没有教师从旁指导，学生真正地投入实际工作，发挥自己的综合能力，解决问题，给企业创造经济效益。学生在毕业实习中积累工作经验，为就业做准备。毕业论文是和毕业实习相辅相成的一个实际活动，毕业论文的主题来自学生对毕业实习过程中专业知识的总结和升华，能够体现出学生的科研能力和创新能力。

五、实践教学体系构建的环境资源

实践教学体系的构建必须有一系列教学硬件和软件，才能保障实践教学的顺利开展，这些软件和硬件构成了实践教学体系的资源环境。实践教学体系的构建主要包括前提条件、环境保障、质量保障等多个方面。

（一）实践教学管理机制是高职院校实践教学体系构建的前提条件

适合创新创业人才培养的实践教学体系必须有与之相适应的实践教学管理机制作为前提条件，其管理机制包括以下内容。

1. 分级组织管理

高职院校实践教学管理实行校院二级管理体制，由学校负责制定相应的管理办法和措施，各二级学院作为办学实体负责实践教学的组织和实施。

2. 教学制度管理

大部分高职院校的学生必须按照专业教学计划接受与其他专业学生相同的教

学内容，而不能自主选择个性化的课程，这样并不利于大学生实践创新能力的培养。完善实践教学制度，需要实行"弹性学分制"以保证学生获得学分途径的多样性和灵活性，促进学生创新能力的最大化提高。

3. 运行评价管理

建立包括学科专业资源、软硬件条件、校内外实训实习基地等实验教学资源有效利用和共享开放的机制，保证实践教学资源得到最大化利用，为实践教学活动的开展提供可靠的保障。同时，需要对实践教学的各个环节制定相应的评价反馈机制，利用这种机制来促进实践教学质量的提高，通过评价反馈保证实验教学改革的机制对实验教学资源的有效配置与利用起到良好的监督与指导作用。

（二）实践教学基地是高职院校实践教学体系构建的环境保障

实践教学基地可分为校内实训基地和校外实习基地两个方面。校内实训基地主要是指面向本校师生，采取校企结合的模式，在校内开设企业培训课程，进行企业模拟实践项目，能体现学校管理和专业特色的实训场所。校外实习基地需要依托企业的教师，按照企业生产实践的真实需求，参与学生的校外实习教学环节的管理和指导工作。良好的实践环境是培养学生实践能力和创新能力的重要基础，所以高职院校应该确立以校内实训基地发展为核心，稳定与扩展校外实习基地建设，采取校内与校外共建相结合的思路来为推进高职院校实践教学改革的基本环境建设提供保障。

（三）高素质的实践教学师资队伍是高职院校实践教学体系构建的质量保障

近年来，很多高职院校开始认识到，实践教学人员已不再是传统观念中的教辅人员，而是教学活动的主体，实践教学师资队伍素质的高低，直接关系到学生实践能力和创新能力培养的好坏。因此，高职院校要加强实践教学师资队伍的建设，以适应新的实践教学体系要求。高职院校要抓好"双师型"实践教学师资培养工作，通过各种培训和培养途径，使教师既具备扎实的基础理论知识、较高的教学水平，又具有很强的专业实践能力。同时，高职院校要建立完善的考核体系，鼓励教师参加实践教学工作。

第三节　"互联网+"背景下
大学生创业支持体系构建

一、基本思路与原则

在"互联网+"快速发展的今天，大学生创业遇到了许多困难，有资金方面的、政策方面的、技能方面的，还有服务方面的。虽然一些高职院校开展了大学生创业培训，但仅靠这些是不能很好地为大学生成功创业服务的，支持和服务高职院校毕业生创业是一项系统工程，需要一个完整、成熟的教育服务支持体系。我国尚未形成一个完整的创业支持体系，而发达国家尤其是美国除了有先进的创业教育体系和完善的理论支持外，还有一套比较系统、完善的支持大学生创业的政策，为大学生创业提供了有力的保障。因此，我们可以借鉴发达国家的经验，结合我国大学生创业服务体系中存在的不足来完善创业支持体系。完善大学生创业支持体系是一个漫长艰辛的过程，绝不能为了求快、求方便而忽视我国的具体国情，照搬、照抄国外先进的创业支持体系。我们应该本着实事求是的原则，吸收他国经验，在实践中不断完善大学生创业支持体系，以切实保障和落实大学生创业相关服务工作。

二、大学生创业支持体系的构建

高职院校应建立一个以家庭、社会、国家为基础的，适合中国国情，符合大学生当下要求的，较为全面的创业支持体系，以帮助大学生更好地认识创业的方方面面，帮助大学生克服在创业过程中遇到的困难，全面支持、鼓励大学生充分发挥自己的主观能动性、创新思想、突破自我、积极创业，为实现我国大学生的真正价值、促进我国经济快速腾飞而努力。

（一）构建完善的创业政策支持体系

自改革开放以来，我国经济飞速增长。在这样良好的经济环境中，存在着潜在的、巨大的创业机会。然而，我国现行的市场经济体制仍然有不完善的地方，大学生创业如果一味地像美国一样靠市场去主导，那么初出茅庐的大学生势必会举步维艰，从而影响大学生再创业和其他大学生创业的信心和积极性。我国政府和社会组织应该从各个方面制定一系列政策和措施来鼓励大学生创业、方便大学生创业、保证大学生创业，使大学生成为我国经济前进的重要力量。

1. 创业鼓励

政府、高职院校和社会组织在制定各项政策鼓励大学生创业的同时，要让尽量多的大学生了解这些政策。以前的情况往往是政策虽在，但无人知晓，有些大学生会因此放弃创业的念头。社会各界应该通过各种媒介深入宣传鼓励大学生创业的基本政策和措施，让广大有潜在创业想法的大学生通过了解这些鼓励政策，将创业理念转化成创业现实。同时，要深入报道大学生创业成功的典型案例，树立创业者在大学生心中的典型形象，营造轻松、友好的创业氛围。社会各界也应该加强合作，开展一些适合大学生创业的社会活动，给广大学生提供创业奖励，增强他们的创业积极性。

2. 税费减免

政府要想鼓励大学生创业，就要在税费上下功夫，简化大学生创办企业和企业运营中的各项程序，减免相应的行政管理费用，减轻大学生创办企业的负担，同时在各项税收中给予大学生更高比例的优惠。

3. 技术支持

大学生在创办企业后很可能会遇到一些核心的技术问题而阻碍其进一步发展，这时政府需要在技术层面给予大学生企业一定的援助。高职院校的科研力量也可以成为帮助大学生企业改良技术的有力平台，像日本经济产业省那样将高职院校教师和学生的科研成果转化成产品，同时大学生企业在产品获利后可以反哺学校的科研力量，进一步促进高职院校科研水平的提高，从而形成一个教学—科研—产出的良性循环。

4. 项目支持

大学生在创办企业之初尽管有良好的发展前景和运营模式，然而如果不能营利，那么仍然不能长久地生存发展。大学生刚刚毕业，必然没有足够的社会网，市场渠道的不畅也会导致大学生创业失败。政府和社会组织应该正确、合理、积极地对大学生进行引导，帮助其顺利创业。

（二）构建完备的创业教育支持体系

高职院校作为大学生创业前期理论学习的基地，对于培育大学生相关的专业理论知识、创业基本技能以及艰苦奋斗、持之以恒、敢于创新的企业家冒险精神有着十分重要的作用。尽管我国政府相关部门对高职院校的创业教育十分重视，然而由于各方面的原因，我国大学生的创业积极性有待提高，创业理论知识储备不够，创业者基本素质没有得到很好的锻炼。创业教育是成功创业的重要因素，高职院校有必要大力开展创业教育，为大学生创业奠定理论基础。

1. 纳入学分

高职院校要把创业教育纳入学分体制，使创业教育成为如同专业课一样的必修课，使尽量多的大学生接触到创业教育。对创业教育任务进行评估也会使高职院校的创业教育更加灵活丰富。各种创业技能、创业培训和创业活动的开展都将是大学生拿到学分的必要环节。将创业教育纳入学分是高职院校进行创业教育的有效前提，有利于创业教育的普及。

2. 课程设置

在成功将学生拉到创业课堂里后，如何让学习创业相关课程的大学生保持兴趣、积极投入从而能够真正掌握相关的创业理论、创业想法就成了高职院校创业课程设置所要关注的问题。课程设置的核心问题一方面是在各个高职院校的各个特色专业和相关专业中开设具有渗透性的创业课程，使类似于化工、机械、生物等理工科专业和法律、文史、会计等文科专业都有可以创业的切入点，并能够有机地结合文理专业，使学生和教师能够充分交流；另一方面，大多数学生在意的是创业相关课程的内容和形式，因此可以摒弃以前教师讲课、学生听课的死板模式，借鉴如美国百森商学院的圆桌会议、麻省理工学院的创业课程试验、斯坦福大学的模拟商业谈判等创业课程形式，使学生充分地了解和模拟今后的创业流程，并在此过程中传授相关的创业知识，使学生在模拟试验中自觉地克服创业困难，培养冒险精神和创业品质。这不仅使高职院校的创业相关课程更加灵活、生动、有趣，也起到了培育大学生创业素质的作用。

3. 创业竞赛

美国百森商学院和得克萨斯大学奥斯汀分校最早于1984年举办创业计划大赛，后来美国的多所学校，如纽约大学、斯坦福大学、芝加哥大学等都举办了相应的创业计划大赛来鼓励大学生创业。我国清华大学于1998年举办"清华大学创业计划大赛"，之后的"挑战杯""大学生创业求实杯"等多项创业大赛也相继举办，并取得了一系列成果。

（三）构建强有力的创业资金支持体系

企业的创建、运营、维系都需要资金的注入，资金链状况良好对于一个企业的正常健康发展起着相当大的作用。资金困难是大学生创业的第二大难题，只有有效地通过各种渠道来引入资金，才能支持大学生将创业构想转化成创业成果。因此，建立和完善以家庭、学校、政府、社会为基础的资金支持体系对于大学生创业有着极其深远和实质性的影响。

1. 家庭支持

从对大学生创业基本状况的调查来看，超过70%的大学生的创业原始积累，也就是我们常说的"第一桶金"来自家庭、亲戚、朋友。这一方面说明在现行的金融市场上，要想通过商业信贷来支持创业还十分困难；另一方面说明相关的法律法规和优惠大学生创业的资金政策还不完善，亟待出台。家庭支持除了指家庭和亲戚朋友提供的资金和物资外，还包括家庭对大学生创业的精神支持。精神支持是指家庭成员赞同大学生的创业行为，能够减轻大学生毕业后对其成家立业、赡养父母等经济负担的精神压力，能够容忍创业失败的损失，相当于减轻了大学生创业负债的压力。这两方面的结合对于大学生创业初期生理和心理的压力有极大的缓解作用。

2. 学校支持

高职院校的资金支持可以有效地减轻大学生创业的时间成本，缩短创业周期，使大学生在高职院校内专心于理论知识的学习、创业技能和创业品质的培养以及创业计划和创业构想的实施。高职院校的资金支持可以从三个方面去实施：一是将科研成果商业化；二是举办高品质的创业竞赛进行创业奖励；三是直接设立创业种子基金。我国很多高职院校都设立了创业基金，有力地支持了大学生创业。

3. 政府支持

大学生在创业初期遇到困难时最希望得到高职院校和政府的援助。政府对大学生创业的资金支持可以从以下几个方面入手：第一，相应的资金政策。除了对大学生创业减免相关的税费之外，降低大学生创业的门槛、提供相应的资金政策也是减轻其创业负担的办法。第二，银行贷款。政府可以硬性规定国有商业银行设定一定比例的商业贷款给大学生企业，贷款利率在各地做相应的调整，同时建立适合的担保预约制度，保证大学生可以相对容易地进行融资。第三，设立创业基金。

4. 社会支持

社会的资金支持主要是指通过市场上的一些民间组织和市场力量来帮助大学生企业融资，这是对大学生创业融资的一个补充。整合各方力量，对大学生企业进行融资援助，具体有以下三个方面内容：第一，我国的民间非营利组织可以联合一些专门的机构投资者对项目较好的大学生企业进行风险投资，这也是国外比较常见的一种投资方式。尽管是带有股权性质的投资，但机构投资者会在咨询、财税等各方面对大学生企业进行援助，增强了大学生企业的存活率。第二，我国的民间非营利组织可以组织一些企业来投资与其发展方向相关的大学生企业，作为加盟公司、旗下公司、技术联合等，这将对双方的发展起到积极正面的双赢作用。第三，民间非营利组织直接资金援助或者直接贷款，但是可能由于资金少、利率高，贷款的大学生需要反复斟酌，有一定的局限性。

（四）构建完善的创业服务支持体系

助力大学生创业获得成功需要建立一套完整的服务支持体系，这为大学生创业起到润滑剂的作用。

1. 创业基地

大学生在获得了创业资金、创业项目之后，往往需要一个固定的办公场地进行日常的管理办公、生产办公、科研开发办公等，即创业基地，有时我们也称之为"孵化基地""孵化园"。创业基地往往固定建在大学校园或经济产业园中。

2. 管理服务

创业支持体系不仅要让大学生企业成功地建立，更重要的是让大学生企业健康成长，不断壮大。管理服务水平的高低将直接影响大学生企业的后期存活率和发展状况，高职院校应从以下三个方面入手：第一，在创业基地、大学创业园等设立专门的管理服务部门，对大学生企业遇到的法律、财税、会计等相关问题提供援助，使大学生企业尽量少走弯路。第二，内部管理，要让大学生创业者了解企业的产权结构和现行的企业组织结构，在合理的分配和设计下，让企业避免产生一些不必要的纠纷和问题，从而让企业能够较为良好地运转。第三，对大学生企业的相关人员进行再培训。培训的内容不再是创业的相关问题，而是关于行业内的基本问题，包括在企业内职位不同的员工应该享有哪些权利和承担哪些责任并具备怎样的素质和能力，努力提升企业的核心竞争力，使大学生企业能够尽快做大做强。

三、"互联网 +"背景下构建大学生创业支持体系的对策

这些年来，从中央到地方，政府对大学生就业创业给予了高度关注，纷纷出台了各种措施鼓励和引导大学生就业或创业，这也是一项民生工程，关乎千家万户，关系到每个毕业生家庭的幸福，关系到社会的和谐稳定。随着政策效应的产生，大学生创业的热情不断高涨，这为政府、高职院校和社会完善大学生创业支持体系提供了实践平台。

（一）"互联网 +"背景下的创业形势分析

互联网能使创业成为一种生活方式，让创业教育成为一种思维，具有开发性、包容性。利用互联网技术平台可以实现不受时间、空间约束的立体式教育。

1. 政府政策制度体系的支持

随着社会经济的发展，国家越来越重视创业和创新，正在加快改革科技成果产权制度、收益分配制度和转化机制，让科研人员取得更多股权期权等合法权益，更好地体现知识和创造的价值；不断简化创业行政审批手续，降低创业门槛，加大对创业和创新的扶持力度；大力破除技术壁垒、行政垄断的藩篱，创造公平竞争的市场和法治环境，构建支持创业和创新的制度体系。

2. 经济发展的内在需求

当前，经济增长动力不足是经济发展最为核心的问题，必须为经济找到新的引擎。随着经济向形态更高级、分工更复杂、结构更合理的新常态过渡，增长驱动力必须由要素驱动、投资驱动向创新驱动转变，这既是经济发展的阶段性特征，也是现实选择。

3. 全民创业的文化环境

受过高等教育的年轻人正在成为社会劳动的主力军，他们思想上更开放，更具有国际化的视野，也深受互联网的影响，创新创业文化已经深入他们每一个人的内心深处。随着国家的鼓励和推动，全民创业的文化氛围正愈发浓厚。

4. 个人价值实现的重要方式

创新创业为每个人提供了一个以勤劳致富、实现梦想的公平机会，创新创业正在成为实现个人价值的重要方式。

（二）"互联网 +"背景下的大学生创业方向建议

1. 利用电子商务线上创业

"互联网 +"为大学生创业提供了巨大的、方便的平台，大学生可利用网络平台开店，一方面可充分利用高职院校的学生顾客资源；另一方面，由于熟悉同龄人的消费习惯，入门较为容易。

2. 利用网络技术、技能创业

大学生群体中不乏网络高手，其身处科技前沿，有近水楼台先得月的优势。有意在这方面创业的大学生可积极参加一些创业大赛，获得更多的机会，以便吸引风险投资和慈善投资的关注，包括软件编程、网络服务等。

3. 利用互联网进行在线智力服务

在智力服务领域创业，大学生游刃有余。智力是大学生创业最丰厚的资本，智力服务创业项目门槛较低，投资较少，如家教、程序检测、设计、翻译等，一张桌子、一台电脑就可以创业。

4. 连锁加盟领域

据调查，在相同的经营领域中，个人创业的成功率低于 20%，而加盟创业的成功率则高达 80%。对创业资源十分有限的大学生来说，借助连锁加盟的品牌、技术、营销、设备优势，可以以较少的投资、较低的门槛实现自主创业，如快餐业、家政服务、校园超市等。

（三）"互联网 +"背景下的大学生创业支持体系构建对策

大学生创业是一个长期的过程，除需要政府、社会等各个方面的共同努力外，更需要高职院校充分利用当下互联网经济发展势头，以"互联网 +"思维促进大学生成功创业。

1. 以"互联网 +"为载体构建高职院校创业教育体系

一是利用"互联网 +"技术构建适合各区域的创业教育课程体系。创业教育课程是创业教育理念的主要载体和实现创业教育目标的重要手段，是创业教育实施的主要途径之一。高职院校需要根据学生的特点和需要，利用"互联网 +"技术构建立体式、全天候、高覆盖的自助课程体系，如开发专门的创业教育网站，网站涵盖创业经典故事、创业网络课堂等；制作"碎片式"App 移动创业课堂，给予一定的流量补贴，鼓励学生随时随地学习创业课程；建立校方创业微信群，让创业者有问题随时得到解答等。

二是基于"互联网+"技术构建高职院校创业教育实践体系。创业是一种实践性很强的活动，要利用"互联网+"技术设置一系列创业实践活动，改变传统的实践方式，如构建线上线下创业实践平台体验、网上模拟创业；校方可利用"互联网+"技术建立网上大学生创业园，组建虚拟学生创业公司，线上线下实战经营；建立远程创业视频系统，与创业教育专家和创业成功人士互动交流，创业实践活动要突出"创造性、实践性"特色。

三是以"互联网+"技术为支撑建立高职院校创业教育评价体系。创业综合素质、创业能力、创业学生的数量等指标不能全面反映创业教育的实际。为更好地确定创业教育实施情况和最终效果，需要利用"互联网+"技术建立以创业率、创业成功率、创业教育影响力等因素为核心指标的创业教育评价体系；建立相关模型，用大数据分析法得出科学结论，以推进创业教育健康持续发展。

2. 强化学生创业教育和指导，培养大学生的创业理念和创业能力

在传授专业知识的同时，应将创业教育纳入高等教育的课程体系，改革人才培养方案，使创业教育成为大学生的必修课程，进行系统的传授，培养大学生的创业意识和创业能力。在大学生实习阶段，对于有创业意愿和创业能力的大学生，高职院校就业指导部门应及时将其推荐到大学生成功创业的企业或其他创业型企业中进行学习交流和实习实践，增强大学生对创业的感性认识，使其积累创业经验，增强创业自信。

3. 为大学生创业提供个性化扶持，提高首次创业成功率

政府部门在简化大学生创业审批程序、放宽对创业的注册资金和场所的限制、减免创业行政收费、落实税收优惠政策等的基础上，应结合大学生文化水平高、综合素质高、社会经验少的特点，引导其从事与所学专业或兴趣对口的创业项目，将个人兴趣、专业与创业方向结合起来，并成立由高职院校专业教师和创业企业家组成的"创业导师团队"，对刚起步的大学生创业企业进行一对一的帮扶。

4. 大力开展创新创业竞赛活动

社会和科技部门应通过开展大学生创业创意大赛和大学生创新创业分享沙龙等活动，鼓励和引导大学生将创新创意转化为创业项目，营造大学生创业的良好氛围，并以此为契机，搭建大学生与创业伙伴及创业投资人的线下沟通交流平台。

高职院校或相关政府部门应针对大学生缺乏社会经验、人脉资源、企业管理经验和销售渠道等情况，根据不同创业大学生的专业优势和性格特点，积极组织协调多个大学生进行共同创业，各司其职、优势互补。政府应提供创业实训、模拟运作和孵化培育等公共服务，并鼓励和引入民间和社会力量组织专门的创业指导机构，为创业者提供法律、投资和财会等方面的专业服务。

5. 充分运用"互联网+"新理念，打造大学生创新创业新模式

大学生创业企业，特别是传统产业的企业，应充分运用"互联网+"新理念，将传统企业与互联网完美融合，走信息化与工业化相融合的路子。对于大学生创立的小微科技企业，应充分利用互联网优势，打造一个开放式创新平台，采取"众包"模式，汇聚全社会的创新力量，并以此为载体，为客户提供各类个性化的服务和体验，加快企业创新和个性化发展步伐。

6. 基于互联网技术搭建众创服务平台

政府应适应新型创业型孵化平台的特点，简化登记手续，对"众创空间"的房租、宽带网络、公共软件等给予适当补贴，尽量降低搭建平台的成本；让青年人特别是大学生的兴趣与爱好转化为各种创意，通过网上"创客联盟"、网下"众创空间"等平台将其汇聚起来，逐渐把孕育于移动互联、根植于创业草根、适用于创新创意的空间打造成培育各类青年创新人才和创新团队的空间，在创意者、创新者、投资人之间搭建信息对称、项目对接、资本对接的创新型创业孵化综合服务平台，努力把各种创新创意转变为现实；鼓励科技创业企业充分发挥网上"创客联盟"和网下"众创空间"平台的优势，集中开展技术难题攻关和创新创意研发，这样不仅能降低企业科研成本，而且有利于营造万众创新的社会氛围。

7. 积极搭上互联网经济发展势头，引导大学生开展电子商务创业

开展大学生网上创业模拟实训，提高大学生的操作能力；打造大学生电子商务创业实践基地；积极引导大学生电商企业进驻电商创业园，为大学生电商企业提供电商培训、电商企业孵化和运营的一体化服务；对大学生电商创业实行以奖代补，并对创业初期的小微电子企业实行社保补贴和场地租金补贴政策。

8. 加大资金扶持力度，创新创业融资形式

目前，我国高职院校毕业生创业的特点决定了毕业生更需要风险投资，因为他们缺乏资金。我国的风险投资体系不够完善，信用制度不够健全，融资是高职

院校毕业生必须解决的问题，否则创业无法进行下去。为此，政府应该主动牵头，搭建大学生创业的融资平台，为其融资创造有利的环境，建立大学生信用体系，加快和完善资本市场体系建设，为大学生创办的中小企业建立成熟的融资、投资体系。另外，政府可以对帮扶大学生创业的社会企业给予一定的奖励，引导社会力量支持大学生创业发展。

首先，各级政府应设立专门的大学生自主创业储备基金，重点资助本地区具有一定科技含量和良好发展前景的大学生创业项目。其次，政府可考虑将下岗失业人员小额担保贷款的申请对象扩大到创业的大学生，增加大学生创业扶持资金的来源渠道。再次，充分发挥"种子资金"的带动效应，由政府出少量资金，带动社会和民间资金，成立"大学生创业风险基金"，再由第三方专业机构对申请资金的创业项目进行风险评估，通过评估后的创业企业可获得基金支持。最后，政府和金融系统应支持大学生创业企业通过成熟的金融市场获得更多的资金，发展多种融资渠道，如以大学生申请的专利或其他知识产权进行融资，为大学生创业提供更多资金支持。

制定政策规定各商业银行对高职院校学生创业贷款计划单列，加大贴息贷款力度；建立中小企业信用担保体系，促进银行贷款向高职院校学生创业企业的倾斜；设立高职院校毕业生投资机制，形成大学生创业的助推器。

9. 整合社会创业政策，提高大学生创业的服务保障能力

梳理政府对社会各类群体的创业优惠政策，实现政策的普惠性，放宽对大学生创业的注册资金和场所的限制，落实税收优惠政策；加强大学生创业园建设，建立创业园人才信息库、园内创业大学生的信息交流平台；建立定期为创业企业提供与国外企业学习交流机会的机制，全方位、多层次地为大学生创业服务；依托大学生创业园和创业孵化基地，为有创业意向的大学生免费提供创业指导、创业培训、税费减免、小额贷款等"一条龙服务"，切实提高对大学生创业的服务保障能力。

10. 建设创业实践基地，满足大学生创业需求

创业环境通常指的是围绕创业成长发展而变化的，并对企业实时产生影响的一切因素的总和。创业环境具有区域性，不同地方的社会结构、经济发展水平不一样，给予的优惠帮扶措施也不一样，这些因素都将对创业企业产生重要影响。

大学生创业基地具有社会公益专业性质，政府应在资金和政策方面给予支持。但从国家和目前一些地方财政的承付能力看，大学生创业基地不能完全依赖政府

的支持，创业基地要通过探索和开发满足市场需求的服务产品和服务方式，不断提高创业基地的自我生存能力和自我发展能力；要把承担政府政策性、公益性目标与基地的自主发展结合起来，积极寻求自主经营和可持续发展空间。

政府要加强大学生创业基地建设和高科技创业孵化器的建设；要建设专门的创业园，通过集聚效应降低大学生创业风险，提高其创业成功率；要在大学生创业园区内建立完善的帮扶机制，引导社会力量和民间资本参与大学生创业；要通过孵化科技产品，加快项目转化，从而帮助大学生成功创业；要整合有限资源，有针对性地支持创业项目，形成规范的、科学的支持体系，从而为大学生创业搭建一个合理、公正的支持帮扶系统。

11. 提供完备的创业指导咨询服务

建立与完善中小企业社会化服务体系是《中华人民共和国中小企业促进法》中的规定。中小企业社会化服务体系是以服务社会各类中小企业为宗旨，以营造良好的经营环境为目的，为中小企业的创立和发展提供多层次、全方位、网络化、社会化服务，大学生创业支持体系就是这个网络的一部分。只有构建一个好的网络，才能够提供好的服务。

构建高职院校学生创业支持体系，一是要树立以人为本的服务理念，从大学生创业的实际需求出发，不断完善和创新服务内容。服务的重点包括以下几个方面：为有意创业的大学生提供创业咨询、创业指导与策划、创业培训等服务；为注册登记2年内新创办的大学生创业企业提供财税、法律、劳保、外贸等代理服务，以及政策与信息服务、管理咨询服务、技术服务、融资指导服务、人员培训服务等。二是鼓励各类服务机构多渠道征集、开发创业项目，建立"创业项目信息库"和"创业者信息档案库"，及时为大学生创业提供服务，帮助大学生掌握基本创业技巧，指导制订创业计划的规划创业项目，帮助其实现创业。通过多方面的指导帮助，采取多种形式来帮助大学生创业，构建合理的支持服务体系，使大学生成功创业。

建立高素质的创业教育培训的辅导员队伍是创业教育服务支持工作的基础，各级政府和相关职能部门要把当地各行各业有经验的人组织起来，如优秀的企业家、法律专家、管理咨询专家等，为高职院校学生创业服务；要创立创业辅导员选聘及管理制度，使其成为地方创业服务的重要力量。有条件的地区可以组织"专家咨询学生""创业服务志愿学生"深入实际提供高职院校学生创业服务。

12. 多措并举提升大学生创业能力

在传统的观念中，大学毕业就是读研、就业、出国等，这样的培养模式束缚了广大学生的创业思想和行为，创业教育和培训存在一定程度的缺乏。为此，对大学生进行创业教育势在必行。创业教育是激发和提高大学生创业能力的重要环节。因此，为培育大学生的创业精神和理念，使其树立创新意识，高职院校必须改变传统的教育模式，转变职业观念，加大创业教育力度，不断根据变化的形势，实时设置创业教育课程，把创业教育纳入教学计划，形成一个完善的创业教育课程培养体系，使学生的创业能力和潜力得到充分发挥，形成良好的创业教育氛围，促使大学毕业生积极创业。学校应该设立有关创业教育的激励机制，把教师的积极性也充分调动起来，不断指导帮助大学生创业，建立一套合理的、有效的目标体系，保障创业教育的顺利进行。

大学生创业教育是多方面的，仅靠高职院校本身是远远不够的，还必须得到政府的大力支持、企业的鼎力相助。企业家可以走进校园为学生授课，讲授实战经验，对大学生创业进行指导。政府应整合有限资源，有针对性地帮助大学生创业。只有在全社会营造良好的创业支持氛围，使各方从支持大学生创业中受益，才能真正建立起社会的支持体系，高职院校的创业教育才能得到长足发展。

13. 为大学毕业生创业配备"师父"

大学毕业生创业之初，一个很重要的方面就是缺乏实践经验，给他们配备创业导师是十分必要的。导师是校外的有实战经验的企业家或职业经理人等，能够及时解决大学生创业过程中遇到的问题，使大学生少走弯路，这样能提高大学生的创业成功率。具体措施包括举办拜师会、学校聘请相关项目的企业家、学生和导师相互了解、学生和导师双向选择，这样就可以加强对学生创业实践的针对性指导。

14. 建立挫折"发泄坊"

学校不仅要对创业成功的学生进行表彰、大力宣传，也要为创业受挫的学生营造包容、鼓励的良好氛围，这样学生才不会害怕创业，不会恐惧创业，会把创业当作一件平常的事情来做，这样压力就更小了，更有利于学生全心投入创业项目。只有这样，才会有越来越多的人加入创业大军。例如，举行创业经验座谈会、创业失败总结会，对创业失败者进行"把脉"，疏导其情绪，加强再培训等；建立创业受挫"发泄坊"，让创业失败者在一定范围内充分释放情绪，然后重新整装出发，改进不足，完善手段，继续创业项目。

第六章 "互联网+"时代的创新创业

第一节 互联网创业模式

从农业时代、工业时代到信息时代，人类社会已经进化到网络时代。半个世纪前开始的信息产业革命以及正在发生的移动网络革命，是迄今为止人类对社会进行的最巨大的一次改造。网络的发展加快了经济全球化进程，改变了人类的生产、流通、分配、消费方式，出现了虚拟货币、网络市场、社区商务等新的经济现象。同时，社会经济和文化的发展推动了互联网和新兴媒体的创新，社会的组织方式已经发生了根本性变化。

一、互联网时代的新商业思维

过去20年，互联网主要改变的是人们的消费行为和消费环境，可以称为消费互联网的时代；那么，未来20年，应该说到了产业互联网的时代，每个行业都要被互联网改变，这种改变会超过工业革命带给我们的改变。未来企业要有企业的智商和企业的运行逻辑。企业的智商就是能够在整个互联网上不断获得和加工数据的能力，企业的运行逻辑就是互联网时代的思维方式。

早在2010年阿里巴巴集团10周年的庆典上，阿里巴巴集团创始人就以"新商业文明的力量"为题发表演讲，称阿里巴巴集团的使命就是去打造新的商业文明，并通过新商业文明论坛发布了《新商业文明宣言》，其内容概要如下。

21世纪的今天，新商业文明正在快速浮现。云计算和泛在网正在成为信息时代的商业基础设施；按需驱动的大规模定制，正在成为普遍化的现实；企业与社会的关系越来越契合，企业和消费者的关系更趋平衡；商业生态系统逐步成为主流形态；越来越多的社会成员的工作、生活、消费与学习走向一体化；自发性、内生性、协调性正在成为网络世界治理的主要特征。

开放、透明、分享、责任是新商业文明的基本理念。新商业文明拥有开放的产权结构与互动关系，开放是新商业文明创新的灵魂；新商业文明追求透明的信息环境，透明是新商业文明出发的起点；新商业文明倡导共有的分享机制，分享是新商业文明形成与扩散的动力；新商业文明奉行对等的责任关系，责任是新商业文明不可分割的一部分。

让商业回归人、回归生活，是新商业文明的梦想。未来所有的商业运作都将围绕着人而进行，商业将重新焕发出人性的光辉；生活的逻辑将支配商业的逻辑，不是在竞争中争夺机会，而是在生活中进行选择和创造；新商业文明让消费者成为经济生活的主人，让小企业也成为幸福的源泉。

未来存在于现在，预测未来的最佳方式就是创造未来。专家、企业家呼吁各界有识之士，以勇气、智慧与持续探索，共创信息时代的新商业文明。

到了2016年，这场新商业运动似乎愈演愈烈。这里提到的"开放、透明、分享、责任"是新商业文明时代的典型特征。当然，我们所指的"新商业文明"，绝对不是某个机构拿来炒作的噱头，而是真真切切发生在我们身边的。当消费者主权时代真正到来，当"用户体验至上"成为商业运行的重要法则，我们的商业社会真的在发生变革。以互联网科技为代表的新经济，正在带领我们驶向新商业文明时代。

"以人为核心"的互联网思维是新商业文明时代的指导思想。互联网思维成为一种新的商业智慧。未来所有的商业行为，都要以互联网思维为起点。在未来，不用互联网方式来思考问题，就没办法在社会展开竞争。

二、互联网时代商业思维的核心

很多企业在互联网经济中铩羽而归，是因为没有抓住互联网思维的核心——人性。要抓住这一核心，用好互联网思维，必须抓住以下几个关键点。

（一）参与感

在过去传统经济模式下，消费者更多的是被动接受，而现在消费者充分享受或表达参与感的要求越来越强烈。让消费者具有参与感，让他们自由地表达、表现，不但会让他们的自我意识得到充分满足和尊重，而且会大大增强他们对品牌或产品的好感与信赖，从内心培养他们对企业和品牌的忠诚度。

当然，参与感并不等同于实际意义上的全民参与，更多是互联网时代尊重消费者的自我意识，让其自由表达、表现。通过参与感的增强，最终给消费者提供的无论是产品还是服务都仿佛是为他们量身打造的。

（二）愉悦性

互联网时代，随着社交范围的扩大和思维的转变，人们更加注重愉悦的心理感受。在这个时代，要把客户当成最亲密的朋友，要把让客户感受到快乐、愉悦的良好体验贯穿到与客户打交道的每个细节中，不但要保证产品的质量，而且要使用户的体验达到极致，为客户提供的服务要真正地深入产品整个销售链条的每个环节中。先有体验，后有营销，让每位能为自己带来流量或销量的客户时刻感到舒服，我们离成功就不远了。

坚果电商品牌"三只松鼠"做得好，是因为其产品无人能及还是价格更低？都不是。它之所以成功，是因为靠它独特的"主人文化"以及一系列细致入微的贴心服务，让客户真正体验到了愉悦。

（三）物超所值

互联网思维下的物超所值不仅是人们所理解的传统经济模式下的买赠、打折等促销手段，也是品牌和服务带来的心理感受。

品牌及品牌文化作为产品本身价值之外的附加值对于消费者永远有着不可忽略的拉动作用。一个优秀品牌带给消费者的不仅是认可和信赖，还是一种物超所值的感受。小米手机作为后起之秀，为什么能在短短几年时间里在竞争激烈的国内手机市场迅速崛起？为什么能够成为为数不多的敢于同国外苹果、三星等大品牌相抗衡的国内品牌？是因为小米品牌带来的物超所值，也就是生活中很多小米的使用者经常说的"顶级的配置、平民的价格"，性价比绝对超值。

另外，在互联网时代，服务也是物超所值的一种表现形式。企业如果在价值链各个环节都能做到"以客户为中心"，时刻为客户提供细致入微、优良的服务，也会给消费者带来一种心理上的物超所值感。就拿"三只松鼠"来说，客户只要购买了产品，得到的除了坚果还有一系列的细致服务，正是这种看似不起眼但处处时时"以客户为中心"的细致周到的服务，给消费者带来了一种物超所值的感觉，从而轻易俘获了成千上万客户的心，创造了互联网时代的一个销售奇迹。

（四）口碑

过去那种通过买通媒体单向传播、制造热门的商品诱导消费行为的模式发挥的作用越来越小，甚至已经行不通了。互联网经济模式下，更重要的是口碑传播，可以说，互联网上唯有口碑好者能生存。

一个企业要想有好的口碑，首先要有好的产品。好产品是口碑的发动机，是所有的基础。产品是"1"，品牌营销都是它身后的"0"，没有前者，后者全无意义。另外，好口碑仅有好产品还是不够的，企业还要善于运用工具，借助社会化媒体，如微博、微信、QQ等传播开来。社会化媒体作为互联网时代品牌营销传播的主力军，其链式传播速度之快、影响之深已远远超越了传统媒体。当然，并不是动用了社会化媒体就是口碑传播，口碑传播也不是自说自话，而是站在消费者的角度，以平等的态度与用户沟通，这样的口碑传播才能起到事半功倍的效果。

商业思维作为一种大智慧、行动指南，在互联网多变的经济形态下，需要企业多多运用，对企业运作裨益无穷。

三、网络商业模式中的主流模式

在过去的十多年中，中国的互联网企业在不断探索和尝试中成功地开发出了无线业务、网络广告和网络游戏等有效的商业模式。面对未来五年、十年的发展，互联网领域将会呈现出哪些新的特点、中国的企业又应如何把握这些潜在的变化已经成为行业内普遍关注的问题。

随着互联网用户数量的增长，特别是无线互联网用户的增长，未来将有更多的用户花费更多的时间上网。用户数量和上网时长的增长将为整个互联网行业带来新的商机。在这些商机中，最核心的商业模式无疑是个人增值业务、网络广告和电子商务三种。个人增值业务主要是向用户收费的业务，包括当前的网络游戏、无线增值以及网络增值业务。网络广告收入则包括品牌广告收入、搜索广告收入等，这在中国和欧美都是非常流行的商业模式。随着中小企业电子商务的发展，它们在网络广告领域的投入也将越来越多。电子商务也存在巨大的增长空间，无论是企业对企业（business to business，B2B）、企业对消费者（business to consumer，B2C）还是消费者对消费者（customer to customer，C2C），都将为整个互联网行业带来巨大的收入。这三种商业模式不仅是中国互联网行业增长的模式，也将成为全球互联网行业的主流商业模式。网络商业的五大主流模式如下。

（一）网易

网易在当今中国几大综合门户网站中占据了显著的地位。无论从哪个角度来看，网易的创始人和网易本身都取得了非凡的成就。虽然综合门户这一概念在今天听起来颇具吸引力，但对互联网创业者而言，它已成为一个难以触及的目标。综合门户意味着"提供一切服务"，而在当前的市场环境下，这似乎已经不再是创新之举。

然而，在网易创立的时代，互联网尚处于发展的初级阶段。对广大网民而言，各种信息都是新奇的体验。一个信息量大、更新速度快、内容全面的网站无疑成为网民的首选。因此，网易能够迅速吸引大量用户，并为其未来的成功奠定了坚实的基础。

（二）百度

如果你遇到一个难题，你第一步会做什么？如果有上网条件，肯定是去网上（百度）搜索看看。

对商家而言，搜索就是把他们的商品最快、最直接地呈现给有需求的客户。而对我们来说，就是为我们提供了一条最快、最直接获得信息、答案的渠道，它把全社会、全网络的资源集中起来给每一个人使用，这是百度的优势。成功的原因在于培养了网民的一个网络使用习惯——搜索，准确地说是培养了广大网民使用百度进行搜索的习惯。当百度搜索成为网民上网时的一种必需、一种习惯时，百度想不成功都难。

（三）阿里巴巴

在阿里巴巴这个电商巨头的引领下，众多中小企业得以崭露头角。1999年，当全球互联网主要为顶尖大企业服务时，阿里巴巴集团的创始人从中国丰富的私营中小企业环境中找到了商机。他以明智的洞察力认识到，中小企业的需求被忽视，他们需要一个平台来展示自己。

阿里巴巴集团创始人的远见在于他看到了互联网世界的潜力。大企业拥有自己的信息渠道和巨额广告预算，而中小企业却缺乏这些资源。他决定领导这个市场进行一场商业革命。他的策略并不是让网民仅仅浏览信息，而是让他们通过互联网创造价值。这个电商平台不仅提供了一个销售平台，更为中小企业提供了获取利润的可能。虽然不是所有企业都能在这个平台上获得直接的经济回报，但对许多面临销售困难的中小企业来说，这是一个值得尝试的机会。随着越来越多的企业加入这个平台，一个崭新的市场逐渐形成。

（四）微信

微信无疑是我们所熟知的数字生活的重要组成部分。每天清晨，无数用户的第一操作便是启动微信，而它也持续占据着我们的上网时间。正是由于这种深入人心的连接，微信取得了如今的辉煌成就。

广大网民不再满足于单纯在网络上获取信息，他们渴望互动、交流，因此在线聊天的魅力在当时产生了巨大的吸引力，为 QQ 赢得了无数忠实用户。借助 QQ 的成功经验，微信迅速崛起，成为人们日常生活中不可或缺的一部分。

微信与百度有着相似之处，它们都成功培养了用户的使用习惯，这也是微信能够战胜其他聊天软件的关键所在。

（五）搜房网

在当今社会，房产成为人们关注的焦点。经过多年的改革开放，人们的衣、食两大生活需求已基本得到满足，随之而来的是人们对住房问题的日益关注。这也正为中国房地产市场带来了前所未有的机遇。在此背景下，搜房网应运而生，准确把握了市场脉搏。无论是已有房产者、购房者，还是准备购房的人群，都纷纷涌向搜房网，查询最新房产资讯，发表观点，交流心得。这也正是搜房网能够迅速崛起、备受瞩目的重要原因。

当然，搜房网的成就并非偶然。除了中国房地产市场的火爆外，搜房网创始者的敏锐眼光和独特的经营策略也是关键所在。在其领导下，搜房网不仅提供了丰富的房产信息，更通过一系列创新举措，为购房者提供了全方位的服务。这也使得搜房网在众多房产网站中脱颖而出，成为业界的佼佼者。

第二节　新时代的互联网思维

一、什么是互联网思维

对所有从事企业工作的人士而言，无论是初创企业还是正在经历互联网转型的传统企业，互联网思维已经成为大家热议的话题。然而，究竟什么是互联网思维呢？这是一个值得我们深入探讨的问题。

（一）互联网思维是相对于工业化思维而言的

一项技术从工具属性、应用层面融入社会生活，往往需要经过长时间的演变。以珍妮纺纱机为例，它从出现、逐渐改变纺织行业，再到被认定为工业革命的开端，影响了东西方的经济格局，这个过程跨越了几十年。同样，互联网的发展也是如此。然而，由于这种影响具有滞后性，我们有时会面临一种尴尬的处境：旧制度和新时代在我们身上形成的观念错位。越是之前成功的企业，面对转型时越困难。这就是美国的学者、商业顾问克莱顿·麦格比·克里斯坦森（Clayton

Magleby Christensen）所提出的"创新者的窘境"——当一个技术领先的企业面临突破性技术时，可能会因为过度适应原有生态系统而遭受失败。如今，许多传统行业的企业正面临这样的困境。这种困境可以被称为"工业人"向"数字人"转变的困境。

（二）互联网思维是一种商业民主化的思维

工业化时代的标准思维模式是大规模生产、大规模销售和大规模传播。这三个"大"可以称为工业化时代企业经营的"三位一体"。但是在互联网时代，这三个基础被解构了。工业化时代稀缺的是资源和产品，资源和生产能力被当作企业的竞争力，但现在不是了，产品更多是以信息的方式呈现的，渠道垄断很难实现。最重要的一点是媒介垄断被打破了，消费者同时成为媒介内容的生产者和传播者，通过媒体单向度、广播式制造热门商品诱导消费行为的模式不成立了。这三个基础被解构以后，消费者主权形成。

（三）互联网思维是一种用户至上的思维

以前的企业也会讲用户至上、产品为王，但这种口号要么是自我标榜，要么真的是出于企业主的道德自律。但是在数字时代，在消费者主权的时代，用户至上是不得不承认的事实，企业需要真心讨好用户。淘宝卖家"见面就是亲，有心就有爱"是真实的情绪表达，因为好评变成了有价值的资产。

（四）互联网思维下的产品和服务是一个有机的生命体

在功能都能被满足的情况下，消费者的需求是分散的、个性化的，购买行为的背后除了对功能的追求之外，产品变成了他们展示品位的方式。这样，消费者的需求就不像单纯的功能需求那样简单和直接，所以对消费者需求的把握就是一个测试的过程，要求产品是一个精益和迭代的过程，根据需求反馈成长。小米手机每周迭代一次，微信第一年迭代开发了44次，就是这个道理。

（五）互联网思维下的产品自带媒体属性

需求和品位相关联，也就是和人性相关联，所以互联网思维下的产品就是极致性能加强大的情感诉求，这两样东西都是会自动传播的。现在一些和互联网相关的企业还在开新闻发布会，还在把推广当作制胜利器，这都是互联网思维不充分的体现。

（六）有互联网思维的企业组织一定是扁平化的

互联网思维强调开放、协作、分享，组织内部也同样如此，它讲究小而美、大而全。等级分明的企业很难贯彻互联网思维。不管是对用户还是对员工，有没有爱也是一个重要的评判标准，但部分互联网企业还在用工业化的套路做着自己的产品。大家都羡慕小米、极路由的极速发展，但如果不能在观念上进行改变，那么不管企业做的是 App 还是其他，本质上还是一个传统企业。

二、互联网思维的表现形式

（一）快速便捷

互联网可以说是人类历史上的一次革命，颠覆了很多传统的工作和生活方式，其中最明显的是让人们的生活和工作变得更加快速和便捷。例如，人们若想学习，不必再去学校，可以通过网络在线学习知识。

（二）交互参与

过去，无论是哪种传播方式，都带有一种片面的单向性。随着互联网的出现，人们在互联网上可以自由地发表评论，对媒体等发布的消息可以在第一时间发表自己的看法，这在一定意义上更能展现更多人的思想和看法。

（三）免费

俗话说"天上不会掉馅饼"，但是在互联网时代，各大网络巨头和商家为获得更多的用户，争相提供免费的产品。但是我们也要看到，免费只是相对来说的，对客户而言，要想获得进一步的权益，就需要支付一定的费用，如腾讯的一些付费装扮和游戏等。

（四）人性化

如今的社会，一般的产品已经无法满足人们的需求，人们在众多可供选择的产品中会选择那些更加个性化的、更加适合体验的产品，因此企业应将客户的体验放在营销的首要位置。

（五）数据驱动运营

数据驱动运营，是指商家不再仅仅看到眼前的利益，而是通过一些免费或者其他有利于客户的活动来收集客户信息，通过对数据的分析来了解客户的需求，进而实现营销的目的。

（六）掐架

"掐架"，是指互联网行业的知名人士通过制造一些矛盾来吸引公众关注，提升品牌知名度。通过这种方式，双方无须花费广告费用，便能达到比投放广告更好的宣传效果。

（七）创新

创新是任何一个时代都不可缺少的一种能力，特别是在如今的互联网时代，如果缺乏创新，不论曾经多么辉煌，没落都只在朝夕。

（八）打破信息的不均衡性

互联网帮助我们打破了信息的不均衡性。在互联网时代，信息的传播更加及时有效，人们甚至可以足不出户地购买外国产品。

三、网络创业的发展

（一）网络创业的概念

基于我国网络创业的实践，可以从广义和狭义两个层面来理解网络创业。从广义层面看，凡是以互联网及其他电子网络通信设备为基础，发现和捕捉新的市场机会，通过提供新的商品或服务以创造价值的过程就是网络创业，如建立网站；而从狭义层面看，以网络平台为基础，发现和捕捉市场机会，通过资源整合而向消费者提供有价值的产品或服务的过程就是网络创业，如在淘宝网上开店。相比而言，狭义的网络创业是在电子商务基础比较完善的情况下的一种普遍的创业形式，现在我国比较普遍的网络创业形式是狭义上的网络创业。

（二）网络创业的社会背景

1. 电子商务迅速崛起

现在电子商务已摆脱传统销售模式登上历史舞台。随着互联网信息碎片化以及云计算技术愈发成熟，主动互联网营销模式出现，电子商务已经受到国家层面的重视，并被提升到国家战略层面。

2. 就业形势严峻

目前，我国社会正处于转型时期，高职院校毕业生逐年增加，而企业对新增劳动力的需求减少，高职院校毕业生就业压力越来越大。

3. 网络经济具有巨大的吸引力

作为一个相对独立的新兴经济体系，网络经济拥有无穷的魅力。与传统营销模式相比，其创业成本低、门槛低，店面租金要便宜得多；店面可大可小，无地区、地域限制，订单可能来自任何人、任何地方。网络购物非常方便，随时随地都可能产生订单。如此方便快捷的创业模式有着传统创业模式不可比拟的优越性。大学生作为与网络接触最密切的人群之一，自然想通过网络创业来赚取人生的第一桶金。

四、网络创业的趋势

未来是全面的互联网时代，是连接时代，是云时代，任何社会事业都将与互联网有关。

基于互联网的技术特点以及互联网企业的特殊经营模式，互联网创业与传统创业有所不同。

一是互联网创业与最新科技联系紧密，创新性要求高。创业者只有通过树立创新意识、培养创新思维、生产创新产品去打动消费者，才能享受高收益和高回报，才能在竞争激烈的市场中获取一席之地。互联网创业是用户导向的，不是生产导向的，因此互联网创业要发掘消费者习惯，以此重组核心技术。

二是互联网新经济使创业与创新、创投形成"铁三角"。创业过程具有创新难度高、资金投入高、市场风险高等特征，这与股权投资的风险偏好特点相匹配。

三是互联网创业主体多元。随着社交网络扁平化，知识和技术的传播更加迅速，创业主体逐渐多元化——由技术精英逐步拓展到普罗大众。互联网新经济正在进入"人人互联网、物物互联网、业业互联网"的新阶段。

四是互联网创业成本相对较低。创业者只要有创新性的项目就可以通过互联网去寻找人才、资金等，通过组建专业化的团队大幅降低创业成本。互联网缩短了创业者和用户的距离，也加快了创新的步伐。

五是互联网创业产业衍生性强。"互联网+"时代的创业产业链长，衍生性强，与传统产业有广阔的合作空间。互联网创业可为产业升级提供技术上的支持和思维上的革新。

六是互联网创业与多样化的商业模式相联系。通过网络，创业者可以和用户直接接触，满足用户的体验。

七是互联网创业环境相对透明公平，以能力为导向，行业竞争更加良性。

互联网赋予每个人获取信息、交流沟通、交易同等的机会，这种普惠的赋能功能极大地助推了创业精神和创新精神的培育，是典型的市场起决定性作用的体现。

（一）互联网趋势

1. 网络普及

从全球范围看，目前互联网用户超过 50 亿人；据中国互联网络信息中心数据，截至 2023 年 6 月，中国网民规模达 10.79 亿人，互联网普及率为 76.4%，还有较大的发展潜力。

未来网络普及的动力来自两个方面：一方面，一些互联网巨头投入大规模资金部署热气球、无人机、卫星等设备以建设使用网状回路和 Wi-Fi，在空中传输数据，为几十亿处于偏远地区的人口提供网络服务；另一方面，智能手机价格的下降、传统设备的智能化、低廉的可穿戴设备的普及等共同推动网民规模迅速扩张。

2. 连接一切

目前，全球有超过 50 亿的互联网用户和 500 多亿的物体联网，整个社会也将从人与人、人与信息连接的信息互联网时代迁移到人与人、人与物、物与物相互连接的智能互联网时代。

连接通过网络和传感器实现，连接将产生海量的数据和信息，这些数据资源通过云端的智能分析服务于个人、企业、政府，从而创造出巨大的经济和社会效益。

3. 万物智能

万物连接之后是万物智能。未来的万物智能依赖传感、大数据、云计算、深度学习等领域的发展。随着传感器逐步变得微型化、智能化，它们将无处不在，不仅处于周围环境中，感知环境的变化，还能嵌入物体，实时监测物体数据，甚至能够被植入人体，读取心率、体温等身体信号。

4. 技术爆炸

随着信息技术的发展和数字网络的广泛应用，技术创新的速度呈现指数级增长。显示技术有机会改变未来人与计算机的交互方式，是未来实现人工智能的技术支持。AR（增强现实）、VR（虚拟现实）、WR（混合现实）是三个顺序而又交互发展的阶段，越来越接近自然体验的融合现实正在到来，而所谓融合现实是在家庭、办公室、汽车、地铁、道路等更为广泛的自然场景中，人与现实由外在的、生硬的嵌入连接，发展到交互融合的阶段。此外，物联网、智能助手、自动驾驶、可穿戴、自然语言处理、消费级 3D 打印等技术将进入大规模资本投入的热炒阶段。

5. 商业变革

在信息技术、物联网、能源互联网大规模普及的条件下，生产服务的边际成本趋近于零，这种新的经济模式颠覆了建立在资本积累基础上的资本主义模式，从而驱动商业上的变革。产业模式、供需模式、生产方式、资金、管理方式、营销方式等都将实现变革。

6. 万众创业

随着环境的改善，目前创业者可以以极低的成本获得云计算能力、开放平台服务、宽带网络、众筹平台、推广平台等基础设施和服务，极大地降低了创业的门槛。原来由精英主导的创新创业活动转变为越来越多的大学生、科技公司员工投入其中，科技创新和创业活动变得日益社会化、大众化、网络化、集群化。这些创业者从大公司忽视或不愿意进入的边缘领域切入，满足特定人群或特定需求，快速迭代，不断改进，逐步扩展业务，最终将具有颠覆大公司的潜力。

（二）"互联网 +"趋势

1. 连接与融合

"互联网 +"把互联网基因注入各个行业，使各行各业在融入新的元素之后实现蜕变。连接是"互联网 +"商业化的纽带，是互联网价值之所在，众多行业都通过互联网获得发展机会。在去中心化、去平台化的产业互联网时代，门户、电商、社交等都体现了连接。"互联网 +"融合云计算、大数据、物联网等，实现人与人、人与物、人与服务、人与场景、物与物的连接。传统经济需要互联网来连接用户，互联网需要传统经济提供长远支撑，企业通过"互联网 +"互相关联，将创造新的社会价值。

2. 开放与共享

"互联网 +"引起的产业变革正在从媒体、零售、金融、旅游、餐饮等行业向医疗、教育、地产等行业拓展，使更多的产业发生变化。"互联网 +"为各行业提供了无限的协同可能，优化了行业内部生态，互联网的开放度决定了企业、行业的命运，也使得企业之间超越竞争。

"互联网+"的探索意义在于，以互联网为牵引，以共享、平等、开放的价值观为导向的行业新秩序初步建立。随着消费经济开始步入过剩时代，开放与共享将成为"互联网+"产业变革的方向。

3. 转型与变革

"互联网+"产业的转型与变革体现在互联网与传统产业的深度融合方面，其可以整合优化行业资源，提升产品的技术水平，节省交易成本，加速传统产业生产方式变革，从而推动传统行业的优化升级，使经济增长由主要依靠投资拉动转变为依靠创新力拉动。

互联网与传统产业的深度融合将以其强大的技术创新、商业模式创新以及应用创新能力等优势，从市场、资本、资源等层面全面介入传统行业，破除行业垄断，促进产业结构升级与资源重新分配，进一步深化改革。

4. 升级与再造

"互联网+"是重构、再造、升级的产业过程。随着"互联网+"的不断深入，新业态必然会在不同行业中不断诞生。以互联网为主要平台和内容的信息技术正与工业、能源、新材料等领域的技术交叉融合，形成新变革。"互联网+"改造传统产业将产生迭代、升级的效果，推动行业生产方式与经营方式的转变，这种信息技术与传统产业的生态融合新业态将逐渐趋于常态化。

"互联网+"更多的是互联网与传统企业的融合，实际上是互联网企业切入传统市场、传统企业主动靠拢互联网的过程，"互联网+"促使互联网企业落地以及传统企业升级再造。

5. 跨界与协作

"互联网+"跨界是指互联网对传统行业、产业组织内部结构的改变。"互联网+"的出路在于互联网和传统产业的跨界融合，其本质是将互联网的创新成果深度融合于经济社会各领域之中，提高实体经济的创新力，达到经济社会的思维转变、技术转变、格局转变。互联网对其他产业带来的冲击是必然的，各行各业经历着逐步接纳、拥抱、融入互联网的过程。"互联网+"既是传统产业与互联网跨界融合的过程，也是双方走向协作的过程，跨界与协作成为这种变化背后的重要驱动因素。

6. 涌现与扩展

"互联网+"裂变的新产业、新模式不断涌现，创新、创业的特征发生了根本变化，推动"互联网＋"相关创业潮。"互联网＋"创业的主体逐渐由小众转为大众，创新创业由精英走向大众。在此过程中，创新创业形成了一种价值导向、生活方式与时代气息，形成了从创新能力内部组织到开放协同创新、从供给导向到需求导向等许多新特点。"互联网＋"创新的重要方向是把制约创新的环节弱化、减少。

第三节　跨境电子商务和创新创业

一、国际贸易政策

（一）国际贸易政策的定义和分类

国际贸易政策是各国对外贸易政策的总称，是各国在一定时期内对进口贸易和出口贸易所实行的政策。在当今世界经济中，国际贸易政策在各国经济增长和经济发展中起着重要的作用，并已成为国际贸易环境的重要组成部分。

从国际贸易历史发展来看，长期存在两种贸易政策之争，即自由贸易政策和保护贸易政策。两种贸易政策各有积极影响和消极影响。

自由贸易政策是指国家对进出口贸易不加干预，任其自由竞争。

自由贸易政策的主要内容包括国家取消对进出口贸易的限制和障碍，取消对本国进出口商品的各种特权和优待，使商品自由进出口，服务贸易自由经营，在国内外市场上自由竞争。

自由贸易政策的实施表现为关税的降低和应税商品的减少、非关税壁垒等的减少与取消。自由贸易政策为经济实力强的国家所采用，为国内成长产业集团所推动，它们是主要受益者。对于经济实力薄弱的国家，却意味着市场被外国占领，它们是主要受害者。因而自由贸易被认为是"强者"的政策。

保护贸易政策是指国家广泛利用各种措施对进口和经营领域与范围进行限制，保护本国的产品和服务在本国市场上免受外国产品和服务的竞争，并对本国出口的产品和服务给予优待与补贴，以鼓励商品出口；国家对贸易活动进行干预，限制外国商品、服务和有关要素参与本国市场竞争。

从国际贸易产生和发展的历史考察，自由贸易政策和保护贸易政策两大类型可归纳为对外贸易政策。

（二）新时期对外贸易政策导向与对策

作为发展中国家的中国加入 WTO（世界贸易组织），最主要的目的是利用加入 WTO 的机会熟悉运用其中的规则，保护和发展本国产品的对外贸易能力和自己的民族工业，而不是单纯强调对 WTO 承诺的兑现。建立在经济学理论基础上的 WTO 有利于世界贸易的发展，其实现必须有一个基本前提，即参与贸易的各国面对的竞争条件应是平等、公正的。而现实中的国际体系和国际分工更为复杂，国际关系中存在矛盾和斗争。在这种体系中，国家实力和地位始终是实现本国、本民族经济利益最大化的可靠保证。

在全球电子商务迅速发展和国家政策大力支持的大环境下，跨境电子商务作为我国进出口贸易的新形式，突破了传统贸易的时间与空间限制，进一步促进了进出口业务的发展，并且其以互联网为交易平台，大大提升了贸易的效率。

二、电子商务

（一）电子商务的概念和意义

电子商务分为狭义和广义两种。狭义的电子商务通常是指通过互联网从事的在线产品和劳务的交易活动，涉及有形的产品和劳务的无形产品。广义的电子商务泛指一切与数字化处理有关的商务活动，这些商务活动不局限于企业之间、企业和消费者之间，也包括企业内部的一切商务活动。

电子商务作为一种新型的商品交易方式，具体有以下五种类型：① B2C 的电子商务；② B2B 的电子商务；③企业对政府机构（business to government，B2G）的电子商务；④消费者对政府机构（consumer to government，C2G）的电子商务；⑤ C2C 的电子商务。

目前，电子商务越来越多地运用到外贸业务中。通常我们可以将外贸业务从运作角度笼统地分为三个阶段：交易准备阶段、交易磋商阶段和合同履行阶段。这三个阶段概括了每一笔外贸业务自始至终的业务程序。现代信息技术的应用逐渐充斥到外贸业务的各个环节中。

电子商务主要是运用互联网实现人们之间的各种商务活动并加快全球一体化的进程。网络数据把全球连接为一个整体，建立起一个虚拟的全球范围化的市场。每一个国家和地区的人们都可以运用电子商务的平台进行贸易交往活动。电子商务让全球贸易成为一个有机的整体，各国之间的贸易活动更加密切，各国之间除了竞争之外，经济合作也越来越多。

现在，电子商务已经成为我国一种全新的商业模式，各种行业都可以参与。人们在此模式中可实现一些现实的或虚拟的商业活动，从而使企业产生新的收入、获取新的业务。电子商务还可以被看作一种业务之间的转换。企业运用计算机技术和手段来实现经济业务活动，以此来达到增加经济效益、降低成本的目的，极大地提高了企业的竞争力。因此，电子商务不但提高了企业的竞争意识，还使企业与企业、企业与个人之间的合作更加密切。

（二）跨境电子商务应把握大数据的时代特征

随着我国经济的不断发展，世界经济逐渐由工业经济转变成为信息经济，由此逐渐产生了国际信息产品贸易。与此同时，电子商务也在全球范围内蓬勃兴起，已经成为推动世界经济快速增长的主要原动力。电子商务的快速发展使得国际贸易也在逐渐走向信息化的方向，为国际贸易的可持续发展创造了有利条件。

现今，电子商务主要以互联网为载体，使得各行各业能够紧密地联系在一起，实现虚拟的交易与合作，从而产生新的业务和收入。我们可以把电子商务看成一种新的业务转换，企业利用互联网来达到降低成本、提高效率的目的，使得企业的竞争力增强。

随着经济全球化的加速推进，在互联网、大数据、云计算等技术不断革新的背景下，国际贸易模式正在发生变革。以"互联网＋外贸"融合为主要特征的跨境电子商务正在兴起，同时数字贸易时代已经到来。跨境电子商务是在"以更低交易成本撮合更大成交量"原则的基础上外贸行业发展的产物。该商业模式的产生与快速发展正符合"更节约消费者的时间和精力"这条用于研究和判断行业发展前景的准则。

跨境电子商务是指分属不同关境的交易主体，通过电子商务平台达成交易、进行支付结算，并通过跨境物流送达商品、完成交易的一种国际商业活动。然而在跨境电子商务发展业绩显著、发展势头良好，且被社会各界广泛重视的背景下，理论界与实务界对跨境电子商务的概念并没有予以精准界定，也没有形成一致意见，以至于人们在认知、理解跨境电子商务时常常把它与外贸、海淘、海购等概念混淆。鉴于此，结合跨境电子商务发展的时代背景、技术手段与发展原则，充分考量跨境电子商务的功能作用与主要特征，对跨境电子商务概念予以更贴切合理的界定是十分必要的。

（三）跨境电子商务的基本作用

跨境电子商务模式的主要作用表现在，它比传统线下跨境交易模式更能克服买卖双方因信息不对称、信任度低和交易成本高而带来的交易难度大的困境。

1. 物色贸易伙伴

在开展国际贸易之前，准确和清晰地物色贸易伙伴是提高企业经济效益的有效措施。电子商务是现今企业发展中最为重要的因素，在物色贸易伙伴时由于电子商务不会因为地域和时间等因素而有所影响，在一定程度上可节约大量的人力和物力。此外，企业还可以建立属于自己的网站，利用电子商务这样一个有效的平台，把本企业的基本信息和产品向全球的客户展现，从中获取相应的合作伙伴，也可以在其中选择自己满意的贸易伙伴来开展贸易合作。

2. 网上咨询与洽谈

每一笔国际贸易都不可能洽谈一次就成功，需要合作商之间反复地沟通和咨询，这也是达成国际贸易所必须具备的条件。随着信息化技术的不断发展，电脑已经成为千家万户实现信息交流的有效手段。在国际贸易中，企业可以运用互联网来实现国际商务之间的咨询和洽谈。买卖双方可运用邮件对市场动态进行了解，也可运用远程视频进行面对面的交流，进一步掌握产品的信息。由此可见，电子商务给国家贸易提供了许多的便捷服务。

3. 网上订购与支付

客户可以通过网站中的信息来了解订购商品的基本情况，了解清楚后就可以通过网上支付完成货物的订购。当客户填写完订购单以后，订购的信息会被加密，这样就可以很好地保护商家和客户的商业信息。除此之外，在国际贸易中，网上订购可以快速、便捷地传递客户所需的无形产品，如软件、音像等，这样就可以极大地节约时间以及解决人员的开销问题。

（四）跨境电子商务对国际贸易的影响

电子商务的出现带动了国际贸易的发展，在未来我们可以预见电子商务会成为国际贸易发展的重要部分，并且随着电子商务的不断完善，它在国际贸易中的作用会越来越重要，不仅可以扩大外贸出口，还可以利用外部市场发展壮大，并为中小企业参与国际交流创造良好的政策环境。

1. 推动国际贸易环境发生新变化

良好的国际贸易环境不但可以减少企业之间的贸易摩擦，还可以有效地推动新的贸易需求的产生。电子商务把全世界都联系在了一起，全世界共同存在于一个数字化的网络世界里，使得国际的信息和资源都可以实现更好的交流。由此可见，电子商务为国际贸易的发展营造了良好的市场氛围。电子商务为处于劣势的中小企业创造了有利的条件，开拓了新的市场，提高了经济效益，从而带动全球的发展。

2. 促进中小企业进入国际市场

经过多年的发展和积累，越来越多的中小企业认识到，中小企业的发展不应局限于产品的输出，更重要的是管理、品牌、技术的输出。对大多数中小企业来说，他们所具备的财力、物力和人力都相对落后，但电子商务的发展解决了他们进入国际市场的问题。中小企业可以在专门的电子商务平台上注册自己的公司，也可以自己建立一个电子商务网站、开展电子商务，但是第二种方法较为困难，所以大多数中小企业会选用第一种方法。

3. 扩大和深化国际分工

目前，我国已经逐步形成开放型的经济格局，在全球生产体系中的作用日益重要，使得国际分工的地位也在发生着深刻的变化。电子商务使企业的生产更具灵活性，实现跨国公司的生产布局全球化。跨国公司可以运用网络发展企业的生产能力和人才优势，并有效地促进企业内部的分工。企业可以运用网络根据相应的订单组织生产，不但可以极大地缩短生产周期，减少不必要的库存，还可以有效地提高国际贸易产品的技术含量。现如今，许多客户通过互联网跨国购买产品，打破了空间的限制。作为服务贸易的提供者，企业可以不用跨出国门就为其他国家的客户提供服务，从而推动世界产业结构向高级化发展。电子商务在国际范围内不断扩大，使得国际分工不断深化，从而促进国际贸易额不断增长。

4. 加快国际贸易技术创新

随着电脑的不断普及，在运用电子商务实现等价交换时，人们对国际贸易技术创新的需求也不断增加。电子商务的发展会极大地带动国际贸易的创新，电子商务也会随着国际贸易技术创新的不断加快而发展壮大。由此可见，电子商务和国际贸易是相互促进、共同发展的。电子商务已经成为网络化的新型经济活动，成为主要发达国家增强经济竞争实力、赢得全球资源配置优势的有效手段。电子商务不受地域空间的限制，信息的更新往往能够同步进行。这个优势为电子商务提供了很大的发展空间。

随着国际贸易技术的不断创新，国际贸易方式和国际交流流程也会发生相应的变化。此外，随着电脑的不断普及，商家和客户在国际贸易中可以随时查看货物的运输状况，包括货物的跟踪管理和货物运输的订舱等。了解货物的运输路线和时间，便于客户在确定货物到达后及时提取。电子商务的迅速发展使得国际贸易的流通加快，电子货币在一定程度上取代了纸质货币，许多人都在广泛地使用信用卡和银行卡来实现网络支付，从而节约了大量的时间。电子商务的发展和应用使得更多新服务和新产品涌入国际市场，也将进一步促进国际贸易流程变革，形成新的国际贸易流通方式。

5. 促进国际贸易营销模式改变

电子商务的发展使得国际市场的营销模式发生了巨大的变化，国际贸易营销出现了许多新的营销方式，主要包括网络互动式营销、网络整合式营销和网络定制式营销。

网络互动式营销主要是使客户能够真正地参与到国际贸易营销中，增强客户参与的主动性。网络互动式营销不只是大公司的专利，只要中小企业能控制住地域和投放媒介，并有传媒的宣传依托就能实现。

网络整合式营销是使商家和客户之间的关系变得更加密切，从而实现一对一的营销模式，作用主要是加强商家和企业之间的交流。

网络定制式营销是指商家通过不断地提升口碑和信誉度，积累一定的客户群，从而向该特定用户群定制地销售商品的方式。

随着我国计算机技术和国际经济的不断发展，电子商务已经成为人们生活和工作中的重要部分。电子商务将国际贸易带进了一个信息化时代。电子商务的兴起和网络贸易的诞生，导致国际贸易运作方式发生巨大变化，信息通过全球网络在世界各国和地区之间流动，推动了国际贸易向信息化的方向发展，同时为国际贸易的可持续发展开辟了一条新的途径。

三、报关

公元前5世纪中叶，古希腊城邦雅典出现了世界上最早的海关。中国海关历史悠久，早在西周和春秋战国时期，古籍中已有关于"关"和"关市之征"的记载。秦汉时期对外贸易发展，西汉在合浦等地设关。宋、元、明时期，先后在广州、泉州等地设立市舶司。清政府于 1684—1685 年首次以"海关"命名，先后设置粤（广州）、闽（厦门）、浙（宁波）、江（上海）四海关。直至 1949 年后，中华人民共和国政府对原海关机构和业务进行彻底改革，逐步完善海关建制。

报关是进出口贸易的环节之一，是国家对外经济贸易活动和国际贸易链条的重要组成部分。报关业务的质量直接关系着进出口货物的通关速度、企业的经营成本和经济效益、海关的行政效率。由于报关活动与国家对外贸易政策法规的实施密切相关，报关业务有着较强的政策性、专业性、技术性和操作性。

（一）报关的定义

一般而言，报关是指进出口货物收发货人、进出境运输工具负责人、进出境物品的所有人或者他们的代理人向海关办理货物、物品或运输工具进出境手续及相关海关事务的过程。《中华人民共和国海关法》（以下简称《海关法》）规定，进出境运输工具、货物、物品，必须通过设立海关的地点进境或者出境。因此，由设立海关的地点进出境并办理规定的海关手续是运输工具、货物、物品进出境的基本规则，也是进出口货物收发货人、进出境运输工具负责人、进出境物品的所有人应履行的一项基本义务。报关是与运输工具、货物、物品的进出境密切相关的一个概念。从海关行政管理相对人的角度而言，报关仅指向海关办理进出境及相关手续。

（二）报关的分类

首先，按照报关的对象分类，可分为运输工具报关、货物报关和物品报关。

其次，按照报关的目的分类，主要可分为进境报关和出境报关。

最后，按照报关的行为性质分类，可分为自理报关和代理报关：①自理报关。进出口货物收发货人自行办理报关手续称为自理报关。根据我国海关目前的规定，进出口货物收发货人必须依法向海关注册登记后方能办理报关业务。②代理报关。代理报关是指接受进出口货物收发货人的委托代理其办理报关手续的行为。我国《海关法》把有权接受他人委托办理报关业务的企业称为报关企业。报关企业必须依法取得报关企业注册登记许可并向海关注册登记后方能从事代理报关业务。代理报关根据承担的法律责任不同，又可以分为直接代理报关和间接代理报关。目前，我国报关企业大多采取直接代理报关形式，经营快件业务等国际货物运输代理企业适用间接代理报关形式。

（三）报关的内容

1. 进出境运输工具报关的基本内容

根据《海关法》，所有进出我国关境的运输工具必须经由设立海关的港口、车站、机场、国界孔道、国际邮件互换局（交换站）及其他可办理海关业务的场所申报进出境。进出境申报是运输工具报关的主要内容。

（1）运输工具申报

运输工具进出境报关时必须向海关申明的主要内容如下：运输工具进出境的时间、航次（车次）、停靠地点等；运输工具进出境时所载运货物情况，包括过境货物、转运货物、通运货物、卸（装）货物的基本情况；运输工具服务人员名单及其自用物品、货币等情况；运输工具所载旅客情况；运输工具所载邮递物品、行李物品的情况；其他需要向海关申报清楚的情况，如由于不可抗力，运输工具被迫在未设关地点停泊、降落或者抛掷起卸货物、物品等情况。除此以外，运输工具报关时还需要提交运输工具从事国际合法性运输必备的相关证明文件，如船舶国籍证书、吨税执照、海关监管簿、签证簿等，必要时还需要出具保证书或缴纳保证金。

（2）运输工具舱单申报

进出境运输工具舱单是指反映进出境运输工具所载货物、物品及旅客信息的载体，包括原始舱单、预配舱单和装（乘）载舱单。

原始舱单是指舱单传输人向海关传输的反映进境运输工具装载货物、物品或者乘载旅客信息的舱单。

预配舱单是指反映出境运输工具预计装载货物、物品或者乘载旅客信息的舱单。

装（乘）载舱单是指反映出境运输工具实际配载货物、物品或者载有旅客信息的舱单。

2. 进出境货物报关的基本内容

根据海关规定，进出境货物的报关业务应由依法取得报关从业资格并在海关注册的报关员办理。进出境货物的报关业务如下：按照规定填制报关单，如实申报进出境货物的商品编码、实际成交价格、原产地及相应的优惠贸易协定代码，并办理提交报关单证等与申报有关的事宜；申请办理缴纳税费和退税、补税事宜；申请办理加工贸易合同备案、变更和核销及保税监管等事宜；申请办理进出境货物减税、免税等事宜；办理进出境货物的查验、结关等事宜；办理应当由报关单位办理的其他事宜。海关对不同性质的进出境货物规定了不同的报关程序和要求。

3. 进出境物品报关的基本内容

海关对进出境物品监管的基本原则是自用合理数量原则。海关监管进出境物品包括行李物品、邮递物品和其他物品，三者在报关要求上有所不同。

《海关法》规定，个人携带进出境的行李物品、邮寄进出境的物品，应当以自用、合理数量为限。对行李物品而言，"自用"指的是进出境旅客本人自用、馈赠亲友而非为出售或出租，"合理数量"是指海关根据进出境旅客旅行目的和居留时间所规定的正常数量；对于邮递物品，则指的是海关对进出境邮递物品规定的征税、免税限制。当今世界上大多数国家的海关法律都规定对旅客进出境采用"红绿通道"制度。我国海关也采用了"红绿通道"制度。

我国海关规定，进出境旅客在向海关申报时，可以在分别以红色和绿色作为标记的两种通道中进行选择。

带有绿色标志的通道称为"无申报通道"（又称"绿色通道"），适用于携运物品在数量和价值上均不超过免税限额，且无国家限制或禁止进出境物品的旅客；带有红色标志的通道称为"申报通道"（又称"红色通道"），适用于携带应向海关申报物品的旅客。对于选择"红色通道"的旅客，必须填写"中华人民共和国海关进出境旅客行李物品申报单"（以下简称"申报单"）或海关规定的其他申报单证，在进出境地向海关做出书面申报。

进出境邮递物品的申报方式由其特殊的邮递运输方式决定。我国是万国邮政联盟的成员国，根据《万国邮政公约》的规定，进出口邮包必须由寄件人填写报税单（小包邮件填写绿色标签），列明所寄物品的名称、价值、数量，向邮包寄达国家的海关申报。进出境邮递物品的报税单和绿色标签随同物品通过邮政企业或快递公司呈递给海关。

进出境其他物品包括暂时免税进出境物品和享有外交特权和豁免权的外国机构或人员进出境物品。个人携带进出境的暂时免税进出境物品必须由物品携带者在进境或出境时向海关做出书面申报，并经海关批准登记，方可免税携带进出境，而且应由本人复带出境或进境。享有外交特权和豁免权的外国机构或人员进出境物品包括外国驻中国使馆和使馆人员，以及外国驻中国领事馆、联合国及其专门机构和其他国际组织驻中国代表机构及其人员进出境的公务用品和自用物品。外国驻中国使馆和使馆人员进出境公务用品和自用物品应当以海关核准的直接需用数量为限。

（四）出口报关的具体流程

在进出口贸易的实际业务中，绝大多数是卖方负责出口货物报关，买方负责进口货物报关。即绝大多数的贸易公司只是同自己国家的海关打交道。

第一，国内客户与外商签订出口合同，确定由国内出口货物到国外（此时国内出口商应当知道出口此类商品需要何种出口监管证件，如出口许可证、商检、配额证、机电证等）。

第二，国内出口商联系运输公司（或者在离岸价格条款下由国外客户联系运输公司），通常出口商会通过货代（或者直接与船公司联系）进行一站式服务（从产地一直到船边的所有运输过程）。

第三，货代根据出口商的要求（货物目的国家、货物重量、体积等），负责安排拖车、订舱、报关、装船的手续。

第四，在安排拖车运输货物前（或者运输同时），出口商需要提供出口报关所必需的报关资料（外汇核销单、出口合同、发票、装箱单、报关委托书，以及根据货物所到国家海关监管出口需要的证书，如许可证等），也有些没有进出口经营权的出口商可以通过贸易公司代理出口，由他们提供上述文件以及办理后续结汇收款及退税的手续。

第五，当货物经拖车运到指定出口口岸（订舱时的船公司及船名决定了出口口岸），货柜进入码头堆场闸口时，开始受到口岸海关的正式监管，此时货柜无论在哪个出入码头堆场都必须经过海关同意才能继续运作。有时货柜进入码头堆场后发现货物短装、质量有问题等，需要重新将货柜提出码头堆场，就必须向海关申请"监管出闸"手续，在海关查核实际情况与汇报相符的情况下监管货柜离开码头堆场。

第六，当货柜进入码头堆场后，码头电脑会记录此货柜的进场时间、柜号、封条号、堆场位置等信息，并通过与海关电脑联网受到海关电脑的监控。此时才可以正式向海关申报出口。

（五）进口报关的具体流程

一般贸易进口首先要确定付款方式是T/T（电汇）还是L/C（信用证）。如果是L/C，那就要先开信用证，确定进口的船期。等船到以后，开始进行进口报关的操作。

第一，要得到国外客户的提单、发票、箱单（从韩国和日本进口的货物还需要非木质包装证明）。

第二，携提单到船公司换回该批货物的提货单，也就是舱单，上面写有进口货物的详细船务信息。

第三，通过商品编码书自查或请货代帮忙查询进口货物是否需要商检。若需要，则要提前到商检局进行商检。

第四，换单和商检后，填好进口报关单给货代进行报关。报关所需要的资料包括发票、箱单、从船公司换回的提货单、报关委托书、进口货物报关单、商检证（若需要）等。

第五，一般贸易进口货物要交进口关税，在海关打出缴款书后开具支票（一般进口货物需要用支票交费）。一般是到中国银行交关税，等交完关税以后，银行会在缴款书上盖章。

第六，把交款书交给货代，然后由货代给海关通关放行（这就是一般所说的一次放行）。

第七，海关收到关税以后会在提货单上加盖放行章，携此提货单到船公司所在的码头提货（这就是一般所说的二次放行）。

海关经过审核报关单据、查验实际货物，并依法办理了征收货物税费手续或减免税手续后，在有关单据上加盖放行章，货物的所有人或其代理人才能提取或装运货物。此时，海关对进出口货物的监管才算结束。

四、关税

在各国，关税一般属于国家最高行政单位指定税率的高级税种，对于对外贸易发达的国家，关税往往是国家税收乃至国家财政的主要收入。政府对进出口商品都可征收关税，但进口关税最为重要，是主要的贸易措施。

（一）关税的定义

关税是指一国海关根据该国法律规定，以进出口关境的货物和物品为征税对象而征收的一种商品税。可从以下方面理解。

首先，关税是一种税收形式。关税与其他税收的性质是一样的，征税主体都是国家。不同的是其他税收主要由税务机关征收，而关税由海关征收。

其次，关税的征税对象是货物和物品。关税只对有形的货品征收，不对无形的货品征收。

（二）关税的特点

首先，关税的征收对象是进出境的货物和物品。

其次，关税是单一环节的价外税。

最后，关税有较强的涉外性。

（三）关税的作用

首先，关税能够维护国家主权和经济利益。

其次，关税能够保护和促进本国工农业生产的发展。

再次，关税能够调节国民经济和对外贸易。

最后，关税能够筹集国家财政收入。

（四）关税的种类

1. 按征税对象进行分类

（1）进口税

进口税是海关对进口货物和物品所征收的关税，它是关税中最主要的一种。

（2）出口税

出口税是海关对出口货物和物品所征收的关税。

（3）过境税

过境税是海关对由境外启运，通过境内继续运往境外的货物所征收的关税。

2. 按征税性质分类

（1）普通关税

普通关税又称一般关税，是对与本国没有签署贸易或经济互惠等友好协定的国家和地区按普遍税率征收的关税。

（2）优惠关税

优惠关税一般是互惠关税，即优惠协定的双方互相给对方优惠待遇的关税。

（3）差别关税

差别关税实际上是保护主义政策的产物，是保护一国产业所取得的特别手段。差别关税最早产生并运用于欧洲。

（五）征收关税的方法

征收关税主要采用从量税和从价税的征税方法，在这两种主要征税方法的基础上，又有混合税和选择税两种征税方法。

1. 从量税

从量税是以商品的重量、数量、容量、长度和面积等计量单位为标准计征的关税，大部分是以商品的重量来征收的，有的按商品的净重计征，有的按商品的毛重（包括商品的包装重量在内）计征，有的按法定重量计征。征收从量税，在物价上涨时，税额不能随之增加，财政收入相对减少，难以达到财政关税和保护关税的作用。从量税计算公式：从量税额 = 商品数量 × 从量税率。

2. 从价税

从价税是以进口商品的价格为标准计征的关税，其税率表现为货物价格的百分率。目前，大多数发达国家普遍采用这种方法计征关税，我国也采用从价税。从价税计算公式：从价税额 = 商品总值 × 从价税率。

从价税与商品价格有直接关系。它与商品价格的涨落成正比关系，故它的保护作用与价格有着密切关系。一般来说，从价税有以下几个优点。

第一，从价税的征收比较简单，对于同种商品，可以不必因其品质的不同，再详加分类。

第二，税率明确，便于比较各国税率。

第三，税收负担较为公平。因从价税的税额随商品价格与品质的高低而增减，比较符合税收的公平原则。

第四，在税率不变时，税额随商品价格上涨而增加，这样既可以增加财政收入，又可以起到保护关税的作用。

在征收从价税时，较为复杂的问题是如何确定进口商品的完税价格。完税价格是经海关审定作为计征关税的货物价格，是决定税额多少的重要因素，发达国家总是高估完税价格，多征进口税，尽量阻止商品进口，借以垄断国内市场。目前，发达国家多数规定以正常价格作为完税价格。所谓正常价格，是指独立的买卖双方在自由竞争的条件下成交的价格。若发票金额与正常价格一致，即以发票价格作为完税价格；若发票价格低于正常价格，则以海关估定价格作为完税价格，也有的国家用到岸价格或交货价格。我国以到岸价格作为征收进口税的完税价格。

3. 混合税

混合税又称复合税，它是对某种进口商品同时采用从量税和从价税征收关税的一种方法。混合税计算公式：混合税额 = 从量税额 + 从价税额。

混合税分为两种：一种是以从量税为主加征从价税。例如，美国曾对男式开司米羊绒衫（每磅价格在 18 美元以上者）征收最惠国税率，每磅从量税征收

37.5 美分加征从价税 15.5%。另一种是以从价税为主加征从量税。例如，日本曾对进口手表（每只价格在 6000 日元以下）征收从价税 15%，加征每只 150 日元的从量税。

4. 选择税

选择税是对于一种进口商品同时订有从价税和从量税两种税率，但征税时选择其税额较高的一种征税。例如，日本曾对布匹的进口征收协定税率为 7.5% 或每平方米 6 日元，征收最高者。但有时，为了鼓励某种商品进口，也可选择其中税额低者征收。

第四节　电商平台创新创业实践——以淘宝网为例

随着互联网的普及，网上购物的人越来越多。淘宝网是由全球最佳 B2B 平台阿里巴巴集团投资 4.5 亿元创办的网站，致力于成为全球首选购物网站。现在虽然不能说淘宝网是全球首选的，但说它是全国首选是当之无愧的。很多人在淘宝网上开网店，赚得比现实中开店还要多。那如何在淘宝网上开店呢？

一、淘宝网店开设程序

（一）在淘宝网注册账户

进入淘宝网的首页，点左上角"免费注册"。新页面打开后输入想要的用户名，输入两遍密码（密码尽量复杂点），输入图片中的验证码，点击"同意协议并注册"。如果以上输入都没有错误，将进入注册账户的第二步——验证账户信息。请确保自己拥有一个手机并能正常接收手机短信。根据提示输入手机号码，点击"提交"。正常情况下，几秒钟内手机会收到一条淘宝网发来的短信，把短信中的验证码输入网页上对应的提示框内提交即可。注册成功，开网店的第一步就完成了。请注意，如果原来已经在淘宝网上买过东西，不用重复注册。在淘宝网，一个账户可以同时是买家和卖家两个身份。

（二）进行支付宝实名认证

注册账户后，就要进行支付宝实名认证，这是必需的一步。点击"我的淘宝"后，可以看到"卖宝贝请先实名认证"的提示。点击它，然后根据提示操作即可。

支付宝相当于淘宝网用户的资金中介，是保证买卖双方诚信交易的基础。支付宝实名认证，就是确认用户的真实身份。这个认证在一定程度上增加了网上开店的复杂度，但很大程度上提高了整个淘宝网交易的安全性。过去一定要上传身份证等待淘宝网人工验证，现在淘宝网已经跟全国多家银行合作，只要有实名登记的银行卡，淘宝网就可以通过银行系统认证用户的身份。

除了支付宝认证之外，用户还要上传自己身份证的照片以及持有证件的半身照，这几项同时认证成功之后才能开店。

（三）通过淘宝网开店考试

依次进入"我的淘宝"→"我是卖家"，找到"我要开店"按钮，点击后会出现要求参加考试的提示。要想在淘宝网开店，必须通过淘宝网开店考试，考试的内容是《淘宝网规则》。淘宝网的规则是必须学习的，如果事先没有学习，等开了店因为违反淘宝规则而被查封就麻烦了。考试分数必须达到60分才能通过，其中基础题部分必须准确率100%。考试通过后阅读诚信经营承诺书，然后根据提示填写店铺名称、店铺类目及店铺介绍，勾选同意"商品发布规则"及"消保协议"，然后确认提交。如果一切顺利，这时用户就拥有了一个属于自己的淘宝网店铺。

（四）必需软件——阿里旺旺

在淘宝网上做生意，和买家沟通不是通过QQ、手机或者其他方法，而是阿里旺旺。阿里旺旺是淘宝网卖家和买家沟通的法宝，具有很多卖家功能，非常实用。以后在买卖过程中如果与买家有纠纷，阿里旺旺的聊天记录是处理纠纷最重要的证据。请注意，淘宝网官方是不承认QQ聊天记录的，所以阿里旺旺无可替代。

二、淘宝网开店必备知识

（一）进货

认证通过了，还要保持出售中的货品有10种才能开店。淘宝大学里有不少关于货源的精华帖，如果不明白，可以翻一翻，经验畅谈居的精华帖子也可以读一读。

如果没有实体店或非常好的货源，建议卖一些价格不太高的时尚小玩意，或者有特色的东西。找好商品的定位与受众，就可以开始参观淘宝的同类店铺了。

多研究高级店铺，看看它们的货品、销售情况、特色，最好做到知己知彼。销售的东西最好是人无我有。

（二）拍照

货品进回来了，应该为它们拍一些漂亮的照片。不推荐用供货商提供的照片，实拍照片能让买家感到真实，也能体现出卖家的用心。淘宝大学中有不少关于拍照与修照片的帖子，可以去学习。可以把货品拍得很精美，但前提是不失真实，处理得太过的照片容易失真，有可能会给将来交易带来麻烦。

照片拍好后，可以在照片上打上一层淡淡的水印，水印上标明店名（这时还没有开店，但是应该想好店名了），等开店了以后，还应该打上店址。这是为了防止有人盗用图片。

（三）货品名称

在商品推广过程中，拥有精美的图片是必不可少的。在此基础上，我们应尽快将货品上架，并为其选择恰当的名称。为了确保潜在客户能够轻松地找到我们的产品，关键词的选择至关重要。换位思考，如果你是买家，在寻找心仪商品时，你会使用哪些关键词进行搜索呢？除了为产品起名之外，利用常用的关键词也是提高商品曝光率的关键因素。

以手链为例，如果我们仅将产品命名为"×××时尚水晶馆天然粉晶"，而未提及"手链"这一关键词，很可能会错失大量潜在客户。因为大多数买家在搜索手链时，通常会以"手链"为关键词。如果缺乏这一关键词，产品将难以获得足够的浏览量。事实上，很少有买家会特地搜索"粉晶"来寻找手链。因此，在为商品命名时，务必考虑其与常见关键词的关联性，以提高被潜在客户发现的概率。

（四）货品描述

对货品的描述必不可少，但不要使用太多种字体、颜色，字号也不要设置过大或过小。用很多种字体、颜色显得没有条理性，让人找不到重点；过大或过小的字号容易让人感觉不舒服，再加上通篇花花绿绿的色彩，视觉感也不好。

总之，对货品的描述要条理分明，重点突出，没有太多色彩，但是阅读方便，令人感觉舒适。

（五）价格设置

价格也是商品成交与否的一个重要因素，大家购物时都会考虑价格因素，要为产品设置一个有竞争力的价格。

当然，价格的高低跟货源、进货渠道有密切关系，如果我们能进到比别人更便宜的货，我们的产品就比别人更具有竞争力。

多参考同类卖家的店铺，看看他们的价格是怎样设置的。不推荐打价格战，有些人在淘宝做亏本生意，可能为了好的评价，这未免本末倒置了。开网店是要赚钱的，最主要的目的也是赚钱，而评价只是诚信的一种体现。

（六）运费

除了价格因素，运费也是买家关注的一个重点。商家应尽可能降低运费，特别是价值只有几元的商品，如果运费设置高了，会引起买家的反感。

（七）有效期

这里的有效期是指货品发布的有效期。有人抱怨淘宝的有效期设置太短，只有 7 天与 14 天两个选择，建议淘宝增加有效期时间。

然而，实际上货品剩余时间越短，成交的可能性就越高，因为即将到期的货品总会被排在搜索的最前面，被浏览到的可能性更大，所以建议大家选择有效期时，以 7 天为第一选择，与选择 14 天的同类商品相比就有两次机会排在前面，而 14 天只有一次机会。

三、店铺装修步骤

第一，打开淘宝网首页。

第二，登录卖家中心，单击左侧菜单栏中的"店铺管理"，选择"店铺装修"。

第三，进入装修页面后，进入"布局管理"，增加或删减页面后，单击"保存"。

第四，设置店铺页头，主要有导航、招牌（一个店铺最显眼的位置，很重要）、页面设置、背景颜色等，设置好了后保存。

第五，如果想简单点就直接套用淘宝官方模板，官方提供三个免费模板。想要个性点，可以去淘宝的装修市场购买模板，有些可以免费试用。

第六，店铺首页招牌的通栏很重要，可以从网络广告牌在线即时生成工具（Banner Maker）中进行设计并导出，或者上传自己喜欢的图片。

第七，店铺产品分类管理装修。

注意，如果装修过程中内容丢失，可以从备份的模板恢复。

四、淘宝店铺推广方法

（一）淘宝客推广

这是我们推荐的一种推广方式，因为它是后付费业务，展示推广和点击推广全都免费，只有在交易完成之后才需支付淘客佣金，并能随时调整佣金比例，灵活控制支出成本。

（二）直通车推广

这是提升店铺流量最直接的推广方式，只需选择自己认为比较有优势和竞争力的货品，然后挂上直通车即可。因为这是付费推广，而且不能保证有交易，所以在货品选择、价格控制以及悬挂频道和方式上都是很有讲究的。详细注意事项可以参考直通车的推广攻略。

（三）淘宝社区推广

由于网络购物流行，随之兴起了不少淘宝社区，不管是买家还是卖家都喜欢泡社区，买家希望找到自己需要的商品，卖家则在此推广自己的商品，每一个人都有可能成为潜在客户，不过推广时需要注意一些社区规则。

（四）问答平台推广

很多大型网站都有问答系统，可以去那里搜索与自身经营的店面有关系的产品，然后回答相关问题。当然也可以组建问答团队，专门回答一些和自身产品相关的问题。一旦团队组建起来了，对店铺的帮助很大。做问答时一定要注意，广告意图不要太明显，否则会被封号。

（五）QQ 群、微信群推广

QQ、微信作为我们经常使用的聊天工具，自然是不可多得的推广工具。我们可以加入一些淘宝买家或者卖家的交流群，通过聊天的方式推销自己的产品。当然不要做得太过，否则可能被群主移出群。

（六）礼品推广

礼品推广也是一个不错的推广方式，店铺会在顾客购买商品达到一定金额时赠送小礼物。很多人都喜欢"送"的东西，虽然礼物本身并不值钱，但是会使不少人感到满足，他们会觉得自己赚了。

第一，淘宝直通车不但能够带来流量，也会带来交易，当然也有可能钱花了，却什么也没有得到。使用有风险，用户需谨慎。

第二，社区和论坛推广需要技巧，单纯的推广链接会被删帖，甚至被拉黑，因此发帖前一定要先了解所在社区和论坛的发帖规则，不要乱发帖，最好发些优质帖子，在使人受益的同时推广自己的产品。

第三，做淘宝推广不是一件容易的事情，可能十天半个月甚至几个月都看不到推广效果，但坚持下去就一定会有收获。

第四，礼品推广是我们推荐的推广方式，但是此方式必须先有流量，可以辅助其他的推广方式，等有一定客流量时再进行礼品推广。

五、淘宝店铺提高销量的方法

（一）头像

在推广淘宝店铺的过程中，论坛无疑是一个极佳的平台。在众多论坛中，"经验畅谈居"以其高人气成为人们关注的焦点。因此，拥有一个独特且引人注目的头像，对于吸引潜在顾客进入店铺至关重要。为了实现这一目标，我们必须加大对头像设计的重视，不能简单应付。幸运的是，淘宝上有许多专业提供头像设计服务的店铺，我们可以向他们寻求帮助。当然，如果愿意亲自动手，论坛内也有众多详细的教程可供参考，帮助我们制作出别具一格的头像。

（二）发精华帖、回帖

发布高质量的帖子不仅有助于赚取银币，而且能够显著提高店铺的浏览量。更重要的是，通过与大家的交流，可以不断学习并掌握更多技巧，从而促进共同进步。然而，发布精华帖确实具有一定的难度，因此大多数人仍习惯在论坛中回复帖子。实际上，回复一个有价值的帖子同样能够有效地提高店铺的浏览量。这就要求大家在阅读和回复帖子时更加用心。简单的语句如"支持路过""坐下慢慢看""楼主写得好，顶了"等不足以吸引他人的关注。对于咨询性质的帖子，应当实事求是地给予回复；对于心情沮丧的楼主，应给予真心的安慰；对于分享经验的帖子，应提出自己的看法并与他人分享。总之，关键在于用心对待。加大字体、选择醒目的颜色、添加表情符号等方式，能够使回复更具吸引力。虽然这些步骤稍显麻烦，但效果会优于一般的快速回复。

（三）店铺装修

店铺装修至关重要。为顾客创造一个舒适宜人的购物环境，能够使他们更愿意在店铺中驻足，从而提高成交概率。在进行店铺装修时，务必确保色彩的和谐统一，并与商品特色相得益彰，从而凸显店铺个性。此外，我们还可以通过论坛中的教程自行学习装修技巧，或寻求专业人士的帮助。

（四）店铺名字

店铺命名需要注重特色，易于记忆是关键。名称应简洁明了，准确反映经营内容。若为杂货铺，应突出主打产品特点。

（五）友情链接

在电商运营中，友情链接的作用不容忽视。鉴于新手卖家通常难以与钻石卖家建立链接，建议选择与自己同行的、具备发展潜力且用心经营的新手店家进行链接，以达到共同进步的效果。但要注意的是，如果自己的店铺在别人的店铺链接位置过于靠下，甚至位于留言栏之下，那么店铺的宣传效果将大打折扣，因为大多数访客不会将页面向下滚动至那么远。因此，在选择友情链接时，我们应优先考虑位置靠上的店铺，以便更好地提升自身店铺的曝光度。

（六）去他人店铺留言

在浏览量较大的钻石店铺留言时，应谨慎选择切入点，切忌直接推荐自己的商品，以免显得突兀。建议先对别人的商品进行适当的赞扬，再自然地引导到自己的话题上。例如，可以委婉地提到"我的店铺也有新品上架，欢迎前来选购"或者"近期我的小店举办了精彩的活动，欢迎参与"。在表达时，应注意语气要含蓄得体，避免过于直白，以免引起反感，导致留言被删除。

（七）加入商盟

淘宝拥有独特的商业联盟体系，为卖家提供强有力的支持与宣传资源。然而，我们需要警惕，避免加入那些涉及互相刷信誉的商业联盟。此类行为是违规的，一旦被投诉，将对信誉造成不良影响。

（八）关键词

关键词在商品搜索中起到了至关重要的作用。为了更好地满足买家的需求，我们需要对关键词进行细致的筛选和优化。首先，我们需要列出与自己货品相关的关键词，然后通过搜索工具查看其搜索频率和竞争情况。选择那些搜索概率较高且竞争相对较小的关键词，将有助于提高商品的曝光率和点击率，从而提升销售量。

（九）橱窗推荐

我们在排列货品时应当遵循一个原则，即越接近下架期限的宝贝越应被放置在前面。此举旨在提高货品的曝光率，从而提升销售量。为了实现这一目标，我们应尽量将推荐位优先留给即将下架的货品。然而，对于即将下架的货品，最好不要将其排在首位。这是因为大多数买家在购物时都有比较不同产品的习惯，将产品排在首位未必能有效地吸引他们的注意力。在此背景下，我们应审慎考虑货品的排列顺序，以更好地满足客户需求并提升销售量。

（十）货品推荐

每个店铺均拥有 6 个货品推荐栏位。当顾客浏览特定商品详情时，可能会留意到其他相关推荐。因此，我们应将高性价比和特色商品列入推荐之列，从而吸引顾客深入浏览店铺中的其他商品。

（十一）红包、一元拍

红包、一元拍等营销手段，虽然在一定程度上可能导致利润下降，但其主要目的在于吸引消费者的注意力，提高店铺曝光度与知名度。从长远角度来看，这对于提升品牌形象和市场占有率是具有积极意义的。

（十二）旺旺设置

在设置旺旺的自动回复时，应避免采用毫无宣传效果的话语，如"店主不在，请留言"等。可以简短地介绍一些店里新上架的货品或特色货品，吸引顾客来店里浏览。还可以把旺旺的状态设置为滚动式，这样在和别人聊天时，无形中也在宣传自己的店铺。

（十三）多去看看求购信息

在求购信息里我们应该采取主动的策略，积极寻找需要我们货品的潜在买家。这种有针对性的方式将大大提高我们的效率，达到事半功倍的效果。

（十四）登录搜索引擎

在百度等知名的搜索网站注册店铺，可以让更多的人注意到我们的店铺。

1. 淘宝内的搜索

大多数人在淘宝购物时都是通过搜索引擎来寻找商品的，而卖家的目标就是他的东西有尽可能多的机会出现在顾客搜索的目录里，而且排名越靠前越好。分析搜索引擎搜索的规律，就不难知道该怎么做才能提高买家搜索到自己店铺的概率。一是关键词。我们应该在货品描述中多添加买家搜索频率高的关键词，当然要在不违反相关规定的前提下。二是排序。既然地域特征是无法改变的，那就要做好货品下架时间和价格的文章。一定要保证自己的产品每天都有过期下架的，因为快下架的产品在买家搜索时会排在最前面。另外，最好确保店铺里至少有一款产品是1元的，因为很多买家都喜欢按价格从低到高排列商品，这样1元钱的东西就排到了最前面了，便于买家发现从而进入自己的店铺。

2. 各大搜索引擎里的搜索

如果说上面的技巧是为了赢得在淘宝网内的买家，那让各大搜索引擎网站收录你的网店，就是在吸引淘宝网外的买家。那应该怎么做呢？就是要登录它们的网站。

（十五）超级买家秀

为确保产品质量的可靠性，我们鼓励老顾客或朋友展示我们的产品，并在相关产品的描述中嵌入链接。此举不仅不违反广告规定，而且能够有效地提升品牌知名度与信誉度。

（十六）优惠信息区

在发布关于店铺产品的帖子至支付宝社区的优惠信息区时，应当遵循相关规定，确保内容合规。在发帖之前，务必仔细阅读并理解社区规则，以确保自身的行为符合社区规范。要发布合规的帖子，需要包含产品的文字介绍、图片和支付宝按钮等信息。这些要求并不复杂，只要稍加学习便可轻松掌握。遵循这些要求有助于确保帖子顺利发布，同时避免一些麻烦。

（十七）评价

在评价他人时，我们也可以巧妙地为自己的店铺做宣传。仅仅说"对方是个好买家"或"期待下次合作"是远远不够的。为了增强宣传效果，我们可以补充一些具体的店铺信息，如"小店新上架了×××商品，欢迎光临选购"或"近期小店有特别优惠活动"。这样，其他淘友在查看该买家的信誉时，便会留意到我们的店铺信息。通过这种方式，我们不仅可以赞美他人，还可以有效地推广自己的店铺。

（十八）多发布新品

为了更好地吸引顾客，店铺需要不断更新和优化商品。新品上架不仅可以吸引更多目光，还可以增加店铺的曝光率。同时，店铺物品的丰富程度也是吸引顾客的重要因素之一。只有当店铺的商品种类足够多，才能满足不同顾客的需求，从而增加被顾客发现的机会。因此，店铺需要不断关注市场动态，及时更新商品，并保持商品的质量和价格优势，才能在激烈的市场竞争中脱颖而出。

（十九）多开分店

在具备相应实力的情况下，可考虑使用朋友的身份证在淘宝平台上注册多个账号，作为个体店铺的分店。同时，确保这些分店与主店建立有效的链接关系，以增加整体的浏览量。然而，需要注意经营的商品应避免与主店重复，以规避淘宝平台的处罚风险。

第七章　高职院校创新创业人才培养模式实践

第一节　创新创业人才培养模式实践体系构建的必要性

一、国家创新能力提升的需求

青年是国家和民族的希望，创新是社会进步的灵魂，创业是推动经济社会发展、改善民生的重要途径。21 世纪是创新的世纪，创新和创业成为这个时代的主题。创业是实现创新的过程，是创新的重要体现，而创新是创业的本质和手段。进入 21 世纪以来，人才成为各国竞争的核心，也成为衡量一个国家和民族创新能力的重要指标之一，大学生的创新创业能力也就成为我们国家实现创新型国家的重要因素，这就必然要求承载人才培养功能的高职院校积极承担创新创业教育及实践的育人功能，从而形成国家创新发展的"人才储备库"。因此，大力开展创新创业实践教育不仅是个人的需求，也是国家战略发展的必然要求。

二、区域经济社会发展的需求

高职院校与区域经济社会发展联系紧密，旨在服务于地方经济社会发展。当前，地方经济的转型升级与可持续发展的根本在于依托人力资源优势实现从"资源驱动"向"创新驱动"的转变。高职院校创新创业教育实践工作一定程度上能够培养适应地方经济社会发展所需的创新驱动的人力资源，同时地方经济社会发展又为高职院校开展创新创业教育实践工作提供了平台和载体。因此，高职院校创新创业教育工作必须坚持立足地方经济社会发展的现实需求。

三、高职教育自身发展的需求

（一）高职教育人才培养目标的需求

从高职教育人才培养目标的视角来看，高职教育应构建一种具有"高职特色"的创新创业人才培养机制来提升核心竞争力。高职教育占据我国高等教育的半壁江山，随着高等教育的深化改革和转型，其在人才培养中发挥着举足轻重的作用。从长远角度来看，高职院校的核心竞争力之一就是培养当代大学生的创新创业能力、企业家精神和人文素质，并形成完整的理论体系和实践机制。因此，在创新创业教育发展过程中，加大创新创业教育实践的力度，培养大学生的实践精神、探索精神、创新意识和创业能力，将成为未来高职教育提升核心竞争力的有效途径之一。

（二）高职教育人才培养模式的需求

从高职教育人才培养模式的视角来看，高职教育应转变观念，探寻人才培养新模式、新方向。创新创业教育是联合国教科文组织在研讨"面向 21 世纪国际教育"发展趋势时提出的一种全新的教育理念，大力发展高职院校创新创业教育、培养创新型人才已成为各国高等教育发展的共识。随着中国经济的改革发展，创新型产业将成为中国未来经济再次腾飞的支柱，而创新创业教育就是创新型经济的原动力。但如何确立一种有效的模式，尤其是可参照、可借鉴特别是可复制的人才培养模式，更应是当前高职院校在积极探索创新创业教育可行性路径的同时必须解决的基本课题。

实践教育是创新创业教育不可缺少的环节。创新创业精神、创新创业能力需要学生在学校学习阶段逐渐培养，高职院校应通过系统的理论教学和实践教学活动向学生传递生产经验和社会生活经验，引导他们树立创新创业意识，掌握创新创业知识和技能，启迪思维，发展兴趣，注重创新创业精神的培养和就业观念的转变。

创新创业是一项实践性很强的工作，创新创业教育旨在培养学生的创新意识、创新思维和创业能力等综合素质，这些都必须通过实践教学的形式实现。所以，实践教育对于创新创业教育的意义是显而易见的。

创新创业能力的培养需要学生参加系统的理论学习和实践活动，需要在教师的引导下树立创新创业意识，启发创新创业思维。实践教育教学更能引起学生的兴趣，使学生深刻体会到创新创业必须具备的素质和能力。因此，实践教育教学是创新创业教育的核心，如果脱离了实践教育教学，创新创业教育就会变得毫无意义。

四、大学生自我价值实现的需求

创新创业教育实践能够充分发挥大学生的主观能动性。在创新创业实践过程中，大学生自身能量的发挥起着关键性的作用，而指导教师或者教育者仅仅起到启发、教育、指导和引导的作用。作为一名创新创业者，在整个创新创业过程中，大学生都能够充分发挥主观能动性，对企业进行决策和管理，所有的一切都是大学生个体自主行为的选择和执行，创新创业实践使他们的思想得到了充分的释放，使他们的才华得到了充分的施展。

创新创业教育实践过程是大学生自我极限挑战的过程。人类极限挑战主要包括精神和身体两个方面，创新创业过程的艰辛和付出可以让大学生在创新创业过程中得到体验；创新创业的风险性和不可预测性又可以磨炼大学生的韧性、毅力和情感。总之，创新创业实践不是对大学生单一性的考验，而是综合性的极限挑战。实践是创新创业者锤炼自己的最好平台。创新创业是一项社会实践活动，学生的创新创业意识、创新创业精神、创新创业思维等创新创业综合素质，只有付诸实践才能折射出其价值和意义，创新创业能力和素质也必须在实践中才能得到锤炼和固化。

第二节　创新创业人才培养模式实践体系构建的原则

一、适应区域经济社会发展需求的原则

学校应树立"创新创业教育区域化"的理念。创新创业教育和区域经济社会发展的关系体现在三个方面：学校创新创业教育依托区域经济社会发展，区域经济社会发展引导创新创业人才的知识能力结构，创新创业教育促进区域经济社会的可持续发展。构建创新创业教育实践教学体系要体现地方产业结构和社会需求特征，围绕地方创新创业人才的知识能力结构设计实践教学内容，利用区域经济社会资源建立实践教学硬件场所和丰富实践教学真实素材，如选取来自地方生产和管理一线的实践教学案例，服务地方企业的真实实务运作等。

二、融合专业教育和适应岗位需求的原则

学校应树立科学的"创新创业教育观"。创新创业教育本质涵盖专业教育的全部内容，即在专业教育的基础上增加专门的创新创业素质教育。将创新创业教育理论和实践教学融入专业理论和实践教学体系，创新创业教育实践教学培养目标符合专业教育培养目标及专业人才培养规格和要求，创新创业教育实践教学内容适应职业岗位群的应用能力和职业技能水平及标准，创新创业实践教学计划和课程与专业实践教学计划和课程体系有机融合，学生的职业素质和创新创业素质得到同步提高。

三、融入理论教学和体现阶梯层次性的原则

学校创新创业教育应建立"做、学、教、考一体化"的教学模式，实现显性课程与隐性课程相结合，专业课程、活动课程与实践课程互动，避免理论教学和实践教学脱节。创新创业教育实践教学要体现出阶梯层次性，体现从感性认知到理性应用的逐步深化，实践教学将贯穿整个创新创业教育教学过程中的各个环节和各个阶段，并保证教学过程的各个阶段、各门课程和环节之间的衔接和连续，保持实践教学安排的相对稳定性。

四、注重学生个性和体现学生主体性的原则

学校应结合学生的专业背景、知识背景、性格特点和学习动机等个体差异和个性化需求开展创新创业教育，在掌握知识技能的基础上有针对性地进行个体化的实践教学活动，促进学生的个性发展。教师在创新创业实践教学中应转变角色，体现学生主体地位，启发学生独立思考，引导学生团队合作，激发学生的创新思维，培养学生的创新精神和创业能力。

五、利用校内校外和软性硬性资源的原则

学校创新创业实践教学资源分为两种：一是软性资源；二是硬性资源。软性资源即学院团委、学生会、各种协会或中心等社团组织，高职院校应利用软性资源开展创新创业实践活动，营造学院创新创业氛围，培养学生的创新创业能力。硬性资源即学院内可供开展创新创业实践教学的场地、设施、设备以及现有经营主体等，高职院校应利用硬性资源为学生提供创新创业实践平台，丰富学生的创新创业感性体验。另外，高职院校应依托专业实践教学内容，充分利用社会资源，建立校企协作关系，形成内外联动的培养模式，让学生为相关企业服务，建立"双赢"的服务体系。

第三节　创新创业人才培养模式实践路径

一、变革人才培养目标，增强创新创业实践意识

以秉承注重素质和文件建设、技术技能实践、服务社会，突出应用创新和文化创意的教育思想为引领，造就具有高度社会责任感和良好创新创业能力的高素质技能型专门人才，从而谋求创新创业实践教学新突破，实现人才新跨越，大力提高学校的创新创业实践人才培养质量，适应时代和社会发展的要求。

二、以"学生可持续发展"为导向，构建分阶段进阶式的创新创业教育实践体系

以三个课堂阶段为依托，构建一套进阶式的创新创业教育实践培育体系，拓宽学生的创新创业视野。

（一）立足第一课堂，培育创新创业实践认识

改革创新创业实践课程设置，面向所有在校生开设大学生创新理论课、创业基础课和大学生职业生涯规划课等课程。同时，依托专业通识课程，如市场营销、成本控制、餐饮管理、连锁经营等课程，通过两类基础课程的开设与知识融合，培育学生对创新创业实践的认识。

以基础课程为基点，建立专业核心课程和项目单门课程的联系，深入开展校内专业实训课程、校内综合实训课程，拓展学生对创新创业实践的基本认识，提升学生创新就业的软实力，并最终培育学生良好的自我创新创业实践意识。

1. 校内专业实训课程

教师应以提升学生的专业实践能力为目标，编制课程实训大纲、实训教材和指导书，学生依托专业核心课程和项目课程的校内实训课程教学、课程教学资源学习平台（精品课程学习网站）和自主学习平台的学习，提升专业实践技能，奠定创新创业实践基础。

2. 校内综合实训课程

教师在传授专业知识的过程中，应有意识地加强创新创业教育，使学生在上课时潜移默化地增强创新创业意识。教师应通过此实训课程，让学生在课程中对

专业理论与实践的紧密联系有一个全面的认知，实现学生综合实践能力的提升，拓展对学生的创新创业素质的培育。

（二）立足第二课堂，实施创新创业实践体验

以第二课堂为依托，锻炼与提升学生的创新创业素质。通过强化综合性实践和拓展性实践，柔性化教学管理，以导师制主导实践和学生自选项目选题并组织实践这两种方式进行创新创业项目（科研）实践体验，让学生在项目（科研）中获得设计、组织、协调等实践技术能力，成为真正参与创新创业项目实践活动各个环节的主体，如大学生实践创新训练计划、毕业设计及成果展示会、各类纵向横向科研课题研究等。

首先，毕业设计及成果展示会。为了提升学生的综合能力，学校可以通过改革传统的毕业论文形式，跨专业跨班级打通专业界限，实施团队合作，进行综合毕业设计，包括方案制订、作品设计、成果展示等，充分发挥学生的综合实践能力，提升学生的创新意识和能力。

其次，创新创业知识竞赛。学校可以每年在校内开展创新创业知识竞赛，检测和提升学生的创新创业知识储备能力，同时统一组织学生参加全省的就业创业知识竞赛，将竞赛成绩作为学生考核的重要依据。

再次，职业生涯规划大赛。高职院校应以"职业生涯规划与就业创业指导"课程教学为契机，扬弃"以知识体系为导向"的传统课程理念，构建"以生涯能力培养为目标"的课程新理念。通过职业能力测试、规划书撰写、模拟面试、小组讨论等形式多样的教学环节，帮助大一刚入校的新生尽快找准自己的职业角色定位，正确认识客观环境，引导其做好个人职业生涯规划，树立合适的职业理想，制定职业发展的各阶段目标，从而建立与人才培养体系相得益彰的课程教学体系，增强教育教学的实效性。以此为基础，积极组织学生参加全省大学生职业生涯规划大赛。

最后，由团委、学生会牵头，建立创新创业社团，发挥社团教育功能。通过创新创业社团的各种活动，将专业知识与社会实践结合起来，充分发挥社团的渗透作用，使之成为创新创业实践教学的第二课堂。开展形式多样的社团活动，可引发学生创新创业火花、激发学生创新创业灵感、培养学生创新创业意识。创新创业社团还可向校外商业单位以拉"赞助"的形式推广学校的各类活动，如运动会、校园歌唱比赛、演讲比赛、辩论赛、工装大赛等，培养学生的合作与管理能力以及创业基础能力。

（三）立足第三课堂，实施创新创业实践教育

创新创业实践教育的基本点在于对社会实践的认同。在创新创业实践人才的培养过程中，应以在高职院校间开展创新创业计划竞赛、建设校企创新创业实践基地和创新创业孵化基地等多种方式打造实践平台，从而引导学生获得实际创业技能，强化实践动手操作和解决实际问题的能力。

教师应引导学生合理利用课余时间，加盟品牌企业业务，并通过企业开展的一系列成熟的商业品牌策划、营销等活动，达到锻炼自身创新创业实践能力的目的。

学校还应与企业深度合作，深入探索现代学徒制，校企共建创新创业实践基地，共同提升学生的创新创业能力。同时，利用校外基地优势，建立校外顶岗实践研修基地，进一步提高学生的实践能力和创新创业实战能力，特别是充分利用杰出的校友与合作企业资源，通过"请进来"与"走出去"，在校内搭建创业培训平台，在校外建立创新创业教育实训基地，定期组织学生到企业考察、交流，了解企业创始过程，体验真实的创业场景。

第四节　创新创业人才培养模式实践基地和平台构建

一、加强校内实训基地建设

高职院校应完善实训基地功能，提升实训基地档次和硬件条件。继续开设面向行业的实训课程，同时承担各种以模拟实际职业环境的训练方式进行的培训，缩短学生就业前与企业岗位技能要求的差距，提升学生的创新创业实践能力，满足多层次人才实训的需求。

二、打造校内创新创业教育实践平台和载体

创新创业教育实践的困难在于为学生营造客观、真实的创新创业实践环境，为大学生提供能够真正地进行创新创业的有效平台和载体。为满足大学生创新创业实践的客观需求，高职院校应统筹规划校园空间布局，优化设计三大功能区域：一是规划整修校园内沿街部分商铺、部分活动中心、部分食堂区域，作为大学生开展实体店铺创业与实践辅导的功能区；二是将学校体育馆和图书馆部分空间改造设计成大学生创新创业实践活动中心，作为大学生开展创新创业培训和创

业沙龙的功能区；三是利用学校实训楼，通过对实训楼现有使用空间的调整，作为大学生从事管理服务咨询与开展创新创业的功能区。三大功能区域不仅注重基础条件建设和环境布置，也强调服务功能作用和教育引导，重在为学生搭建真实的创新创业实践平台。

三、构建创新创业孵化扶持体系

创新创业教育实践贵在完善创新创业扶持体系，为学生创新创业提供制度保障。学校应成立创新创业指导中心，并专门设立大学生创新创业扶持基金，通过对创新创业项目的遴选、孵化、扶持、跟进、指导，使创新创业项目从萌芽、发展，直至壮大。有了一定的市场竞争力，创新创业项目才能健康、持续发展。

创新创业内容应涵盖技术研发、文化创意及商务服务等领域。通过项目负责人申报、组织专家对申报项目进行遴选的方式决定最终入选的扶持项目，项目负责人应由学生担任，学生组织团队，写策划书、申报书等，依次对项目创意、团队组织、市场评估、营销策划及运行现状等内容进行介绍和展示。专家评审认真听取项目汇报，并对照评分标准给予项目评级，遴选优秀项目入选扶持项目。项目入选以后，高职院校需要为学生提供创新创业环境，充分发挥学生的创新创业才能。

学校不仅应为在校大学生创新创业团队提供创新创业所需的创新创业场所方面的"硬条件"，而且应为在校大学生创新创业团队提供资金、项目、指导和管理方面的"软服务"。

四、搭建创新创业教育"众创空间"平台

高职院校应利用校企合作的资源优势，搭建创新创业教育"众创空间"平台，为学生提供创新创业发展空间。学校应通过校企合作优势的互补，依托深度合作平台的作用，与企业建立"紧密型"合作关系，广泛建立校外创新创业实践基地。通过校企合作拓展学生的创新创业实践视野，使学生拥有坚实的专业知识、职业素养和创新创业能力。学校还可以与合作企业建立校企合作创新教学工场。校企合作创新教学工场是学生与企业互通"耦合"的创新载体，其组成结构单元是以学生为主体、教师为指导的"虚拟项目"和社会真实项目。在校企合作创新教学工场中，学生"虚拟公司"的创业实践可以和学业学分挂钩，参加创业实训项目的学生可以获得相应免修课程的资格，真正实现教学与创新创业的有机耦合。

参考文献

［1］欧海锋．建筑设计未来院所长创新创业教育研究［M］．南京：东南大学出版社，2021.

［2］邱天．高校体育创新思维的教学与实践［M］．厦门：厦门大学出版社，2020.

［3］胡楠，郭勇．大学生创新创业指导［M］．北京：人民邮电出版社，2017.

［4］王飞．产教融合背景下广东民办高职院校专业人才培养模式创新［J］．四川劳动保障，2023（6）：93-94.

［5］张振仓，党养性，仇薪鑫，等．产教融合背景下高职院校畜牧兽医专业群人才培养模式创新与实践：以杨凌职业技术学院为例［J］．杨凌职业技术学院学报，2022，21（4）：91-93.

［6］吴亮莹．基于产教融合的高职院校创新创业人才培养模式研究［J］．教师，2022（29）：99-101.

［7］费良杰，陈海钰，李乐．产教融合视角下高职院校跨境电子商务创新创业人才培养模式研究［J］．对外经贸，2022（8）：132-135.

［8］李立学，李振华．产教融合背景下高职院校计算机网络技术人才培养模式创新研究［J］．中国新通信，2022，24（14）：148-151.

［9］张凤娇，宋敬滨，张红党，等．产教融合背景下高职院校智能网联汽车专业人才培养模式创新：以江苏省为例［J］．人才资源开发，2022（10）：64-65.

［10］曹鑫，贺宏，张亚娜．"互联网＋"背景下高职院校产教融合人才培养模式的改革创新研究［J］．山西青年，2021（15）：24-25.

［11］郑伟．产教融合背景下高职电子商务专业创新创业型人才培养模式研究［J］．内江科技，2021，42（5）：141-142.

［12］丁汀．产教融合背景下高职院校药学专业创新创业人才培养路径研究［J］．现代盐化工，2021，48（2）：147-148.

［13］马华敏．产教融合背景下高职院校创新人才培养模式的构建及实施建议［J］．宁波职业技术学院学报，2020，24（6）：1-5.

［14］李丽阳，李虎斌．产教融合背景下高职创新创业人才培养模式［J］．石家庄职业技术学院学报，2020，32（3）：43-46.

［15］吴静兰．产教融合背景下高职创新创业人才培养模式探索与实践：以艺术设计类专业为例［J］．文化创新比较研究，2019，3（28）：132-133.

［16］魏振东．产教融合背景下高职院校人才培养模式创新研究［D］．昆明：云南大学，2020.

［17］林媛．高职院校创新创业教育人才培养模式研究［D］．济南：山东财经大学，2019.

［18］石慧．高职院校艺术设计类专业人才培养模式的创新实践与反思：基于WPP合作办学项目的案例研究［D］．上海：华东师范大学，2018.

［19］张细淼．江西高职院校创新创业型人才培养研究［D］．南昌：南昌大学，2018.

［20］周凌云．农业高职院校创新创业人才培养模式研究：以江苏农林职业技术学院为例［D］．南京：南京农业大学，2018.

［21］朱鹏．基于就业能力导向的高职院校人才培养模式的创新研究［D］．湘潭：湘潭大学，2016.

［22］刘影．理工科院校创新创业人才培养模式研究［D］．哈尔滨：哈尔滨理工大学，2015.

［23］程传荣．高职院校人才培养模式的创新实践研究：以无锡商业职业技术学院为例［D］．苏州：苏州大学，2015.

［24］胡艺．高职院校物流人才培养模式创新研究：基于重庆商务职业学院的分析［D］．重庆：重庆师范大学，2013.

［25］陈艳秋．现代农业发展背景下农业高职院校创新型人才培养模式研究［D］．雅安：四川农业大学，2013.